Impressum
Verlag: BABADADA GmbH, Nedderfeld 112 , 22529 Hamburg
Geschäftsführer / Verlagsleitung: Harald Hof
Druck: Books on Demand GmbH, In de Tarpen 42, 22848 Norderstedt

Imprint
Publisher: BABADADA GmbH, Nedderfeld 112 , 22529 Hamburg, Germany
Managing Director / Publishing direction: Harald Hof
Print: Books on Demand GmbH, In de Tarpen 42, 22848 Norderstedt, Germany

школа

โรงเรียน

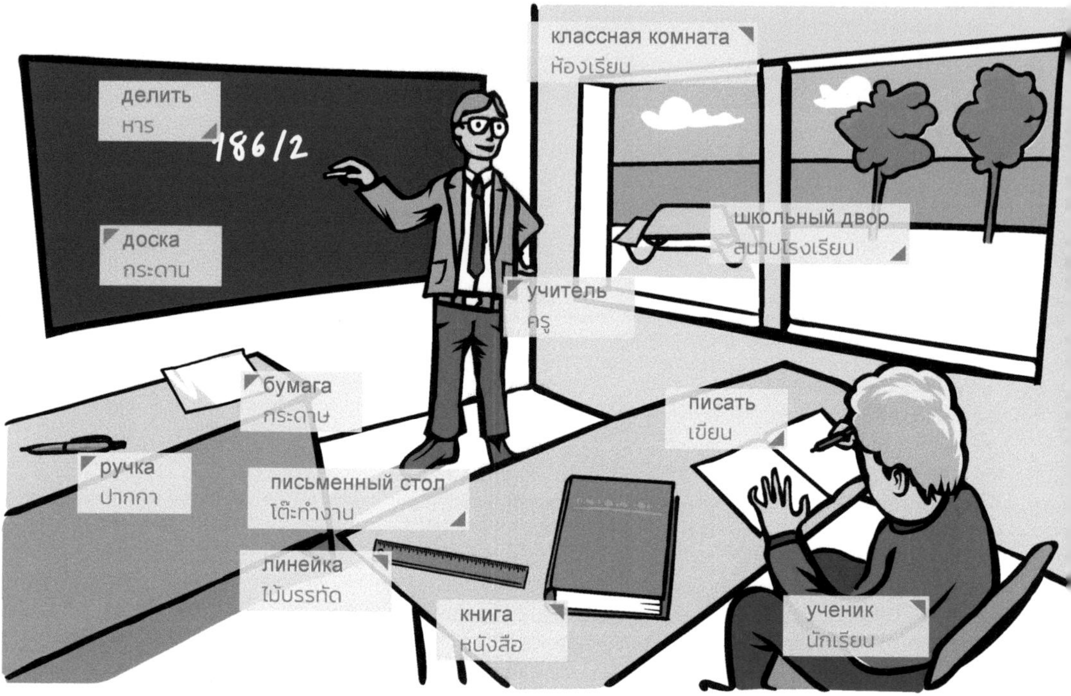

классная комната
ห้องเรียน
делить
หาร
186/2
доска
กระดาน
школьный двор
สนามโรงเรียน
учитель
ครู
бумага
กระดาษ
писать
เขียน
ручка
ปากกา
письменный стол
โต๊ะทำงาน
линейка
ไม้บรรทัด
книга
หนังสือ
ученик
นักเรียน

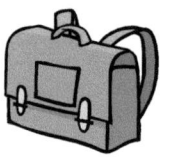

ранец

กระเป๋าหนังสือ

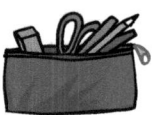

пенал

กล่องดินสอ

карандаш

ดินสอ

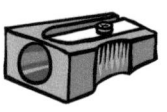

точилка

กบเหลาดินสอ

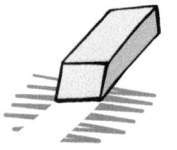

ластик

ยางลบ

альбом для рисования

สมุดวาดภาพ

рисунок

ภาพวาด

кисточка

พู่กัน

коробка красок

กล่องสี

ножницы

กรรไกร

клей

กาว

тетрадь

สมุดแบบฝึกหัด

домашняя работа

การบ้าน

цифра

ตัวเลข

прибавлять

บวก

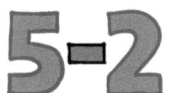

вычитать

ลบ

умножать

คูณ

считать

คำนวณ

буква

ตัวอักษร

алфавит

อักษรพยัญชนะ

слово

คำ

текст

ข้อความ

читать

อ่าน

мел

ชอล์ก

урок

บทเรียน

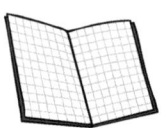

классный журнал

ลงทะเบียน

экзамен

การสอบ

диплом

ใบรับรอง

школьная форма

ชุดนักเรียน

образование

การศึกษา

энциклопедия

สารานุกรม

университет

มหาวิทยาลัย

микроскоп

กล้องจุลทรรศน์

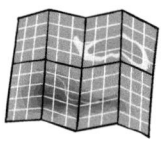

карта

แผนที่

корзина для бумаг

ตะกร้าใส่เศษกระดาษที่ไม่ใช้แล้ว

путешествие

การท่องเที่ยว

гостиница
โรงแรม
Grand
турбаза
โฮสเทล
ROOMS
пункт обмена валюты
สำนักงานแลกเปลี่ยนเงินตรา
чемодан
กระเป๋าเดินทาง
автомобиль
รถยนต์

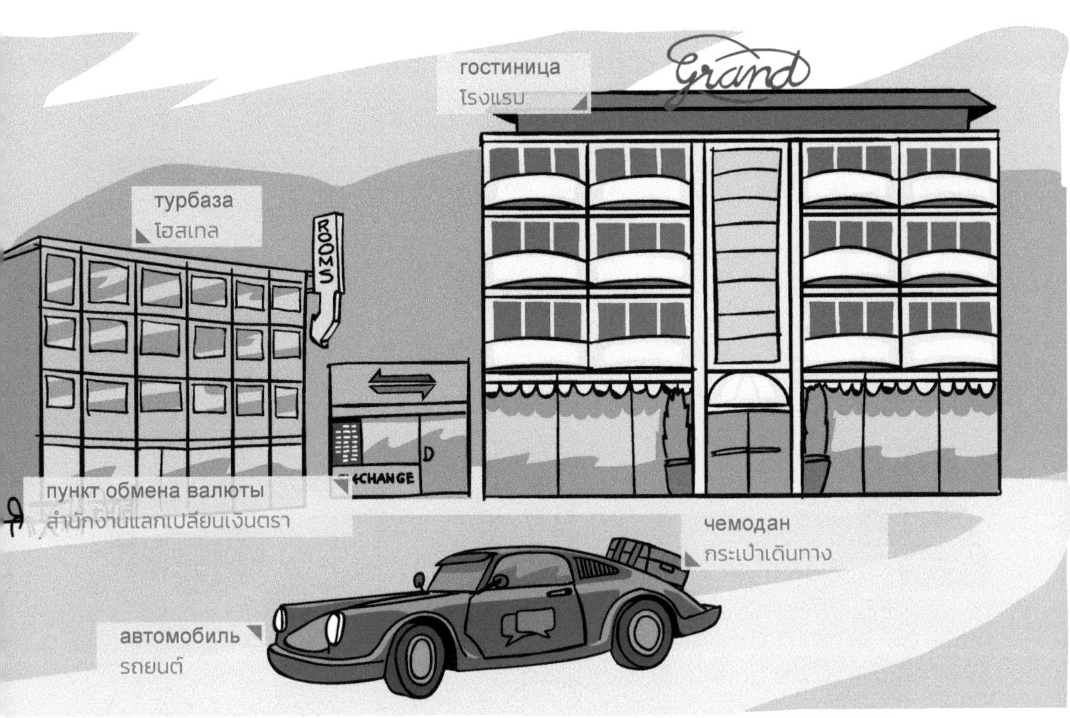

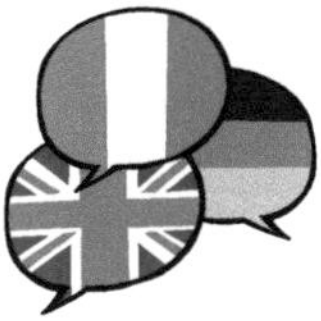

язык

ภาษา

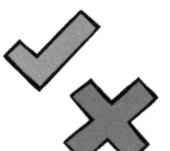

да / нет

ใช่/ไม่ใช่

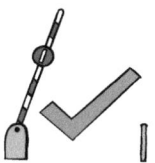

хорошо

ตกลง

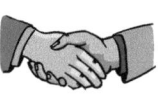

Привет

สวัสดี

переводчик

นักแปล

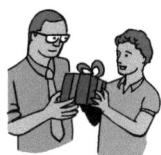

Спасибо

ขอบคุณ

Сколько стоит…?

ราคาเท่าไหร่…?

Я не понимаю

ฉันไม่เข้าใจ

проблема

ปัญหา

Добрый вечер!

สวัสดีตอนเย็น

Доброе утро!

สวัสดีตอนเช้า

Доброй ночи!

ราตรีสวัสดิ์

До свидания

แล้วพบกันใหม่

направление

ทิศทาง

багаж

กระเป๋าเดินทาง

сумка

กระเป๋า

рюкзак

กระเป๋าสะพายหลัง

гость

แขก

комната

ห้อง

спальный мешок

ถุงนอน

палатка

เต้นท์

туристическая информация

ข้อมูลนักท่องเที่ยว

пляж

ชายหาด

кредитная карточка

บัตรเครดิต

завтрак

มื้อเช้า

обед

มื้อกลางวัน

ужин

มื้อเย็น

билет

ตั๋ว

лифт

ลิฟต์

почтовая марка

แสตมป์

граница

พรมแดน

таможня

ภาษีศุลกากร

посольство

สถานทูต

виза

วีซ่า

паспорт

พาสปอร์ต

транспорт
ขนส่ง

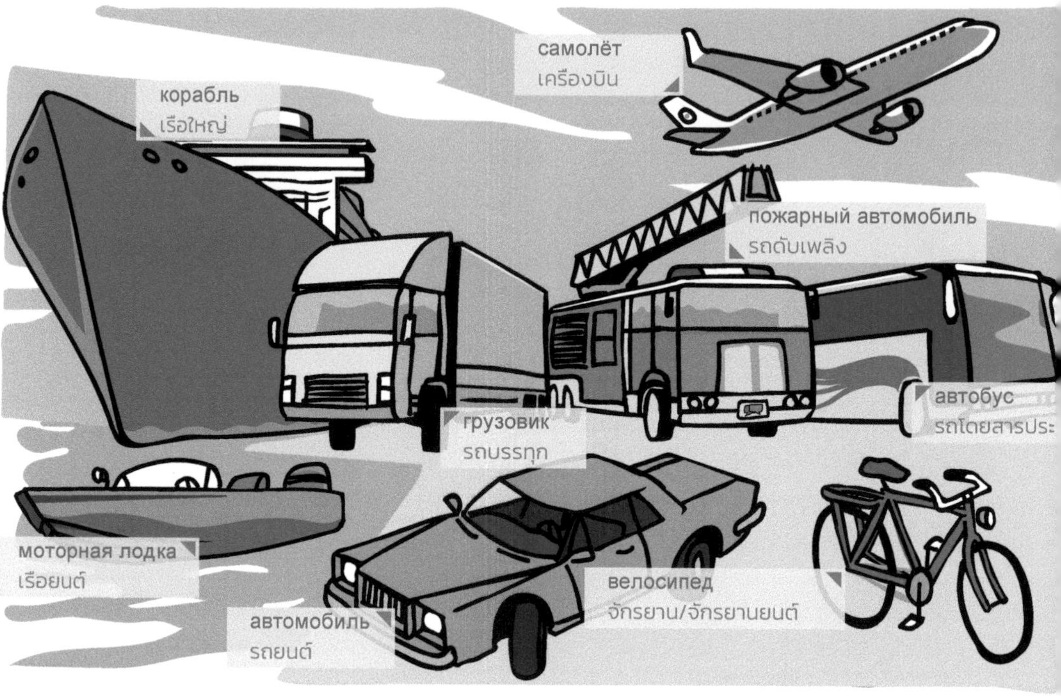
самолёт
เครื่องบิน
корабль
เรือใหญ่
пожарный автомобиль
รถดับเพลิง
автобус
รถโดยสารประ
грузовик
รถบรรทุก
моторная лодка
เรือยนต์
велосипед
จักรยาน/จักรยานยนต์
автомобиль
รถยนต์

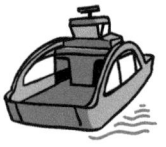

паром

เรือข้ามฟาก

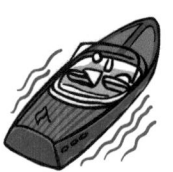

лодка

เรือ

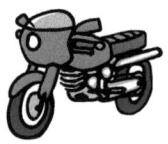

мотоцикл

รถจักรยานยนต์

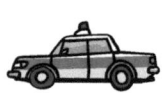

полицейский автомобиль

รถตำรวจ

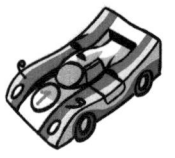

гоночный автомобиль

รถแข่ง

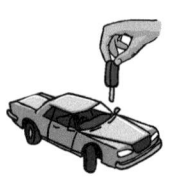

арендованный автомобиль

รถเช่า

**совместное пользование
автомобилями**

การแบ่งกันใช้รถยนต์

**буксировочный
автомобиль**

รถลาก

мусоровоз

รถขยะ

двигатель

เครื่องยนต์

топливо

เชื้อเพลิง

заправка

ปั๊มน้ำมัน

дорожный знак

เครื่องหมายจราจร

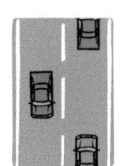

движение

การจราจร

пробка

การจราจรติดขัด

автостоянка

ที่จอดรถ

вокзал

สถานีรถไฟ

рельсы

รางรถไฟ

поезд

รถไฟ

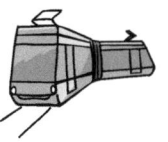

трамвай

รถราง

вагон

ตู้รถไฟ

вертолёт

เฮลิคอปเตอร์

аэропорт

สนามบิน

вышка

หอคอย

пассажир

ผู้โดยสาร

контейнер

ตู้บรรจุสินค้า

коробка

กล่องกระดาษ

тележка

รถเข็น/รถลาก

корзина

ตะกร้า

взлетать / приземляться

บินขึ้น/ ลงจอด

город

เมือง

деревня

หมู่บ้าน

центр города

ใจกลางเมือง

дом

บ้าน

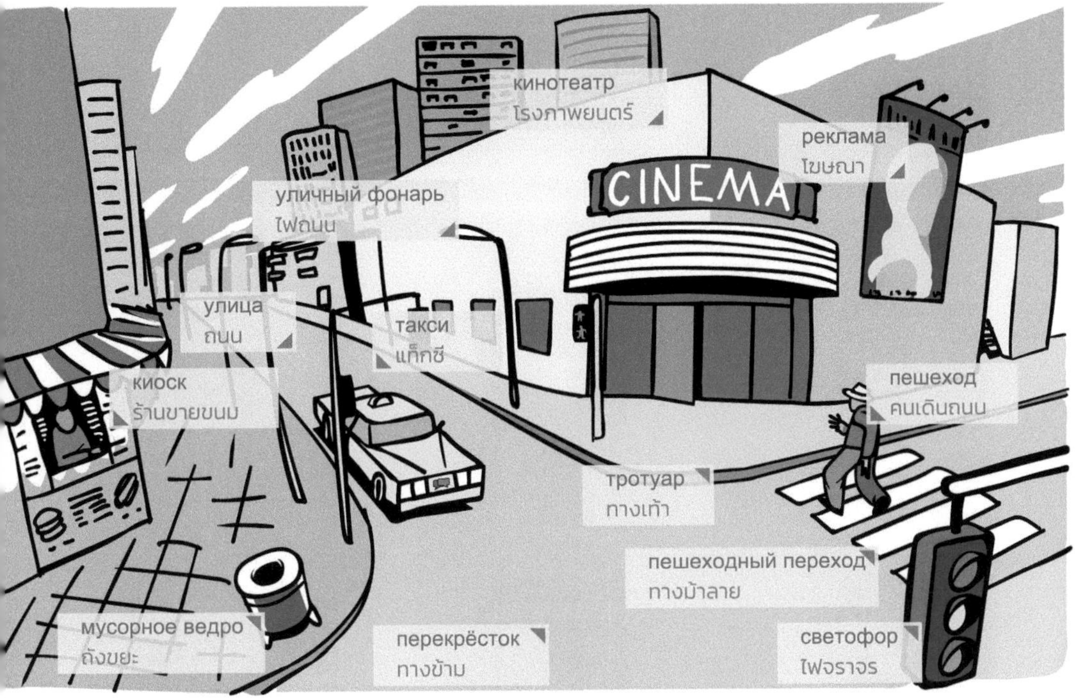

кинотеатр
โรงภาพยนตร์

реклама
โฆษณา

уличный фонарь
ไฟถนน

улица
ถนน

такси
แท็กซี่

киоск
ร้านขายขนม

пешеход
คนเดินถนน

тротуар
ทางเท้า

пешеходный переход
ทางม้าลาย

мусорное ведро
ถังขยะ

перекрёсток
ทางข้าม

светофор
ไฟจราจร

хижина

กระท่อม

квартира

แฟลต

вокзал

สถานีรถไฟ

ратуша

ศาลากลางจังหวัด

музей

พิพิธภัณฑ์

школа

โรงเรียน

университет

มหาวิทยาลัย

банк

ธนาคาร

больница

โรงพยาบาล

гостиница

โรงแรม

аптека

ร้านขายยา

офис

สำนักงาน

книжный магазин

ร้านขายหนังสือ

магазин

ร้านค้า

цветочный магазин

ร้านขายดอกไม้

супермаркет

ซูเปอร์มาร์เก็ต

рынок

ตลาด

универмаг

ห้างสรรพสินค้า

торговец рыбой

ร้านขายปลา

торговый центр

ศูนย์การค้า

порт

ท่าเรือ

парк

สวนสาธารณะ

скамейка

ม้านั่ง

мост

สะพาน

лестница

บันได

метро

รถไฟใต้ดิน

тоннель

อุโมงค์

автобусная остановка

ป้ายรถเมล์

бар

บาร์

ресторан

ร้านอาหาร

почтовый ящик

ตู้ไปรษณีย์

табличка с названием улицы

ป้ายชื่อถนน

паркометр

มิเตอร์เก็บค่าจอดรถ

зоопарк

สวนสัตว์

бассейн

สระว่ายน้ำ

мечеть

สุเหร่า/มัสยิด

ферма

ฟาร์ม

загрязнение окружающей среды

มลพิษ

кладбище

สุสาน

церковь

โบสถ์

детская площадка

สนามเด็กเล่น

храм

วัด

ландшафт

ภูมิประเทศ

лист
ใบไม้

дорожный указатель
ป้ายบอกทาง

дорога
ทาง

луг
ทุ่งหญ้า

камень
ก้อนหิน

дерево
ต้นไม้

путешественник
นักเดินทางไกลด้วยเท้า

река
แม่น้ำ

трава
หญ้า

цветок
ดอกไม้

долина

หุบเขา

гора

เนินเขา

озеро

ทะเลสาบ

лес

ป่า

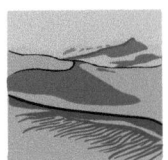

пустыня

ทะเลทราย

вулкан

ภูเขาไฟ

замок

คฤหาสน์

радуга

รุ้งกินน้ำ

гриб

เห็ด

пальма

ต้นปาล์ม

комар

ยุง

муха

แมลงวัน

муравей

มด

пчела

ผึ้ง

паук

แมงมุม

жук

แมลงปีกแข็ง

лягушка

กบ

белка

กระรอก

еж

เม่น

заяц

กระต่ายป่า

сова

นกฮูก

птица

นก

лебедь

หงส์

кабан

หมูป่าตัวผู้

олень

กวาง

лось

กวางมูส

плотина

เขื่อน

ветряной генератор

กังหันลม

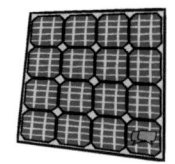

солнечная батарея

แผงโซล่าเซลล์

климат

สภาพอากาศ

ресторан
ร้านอาหาร

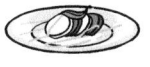

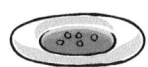

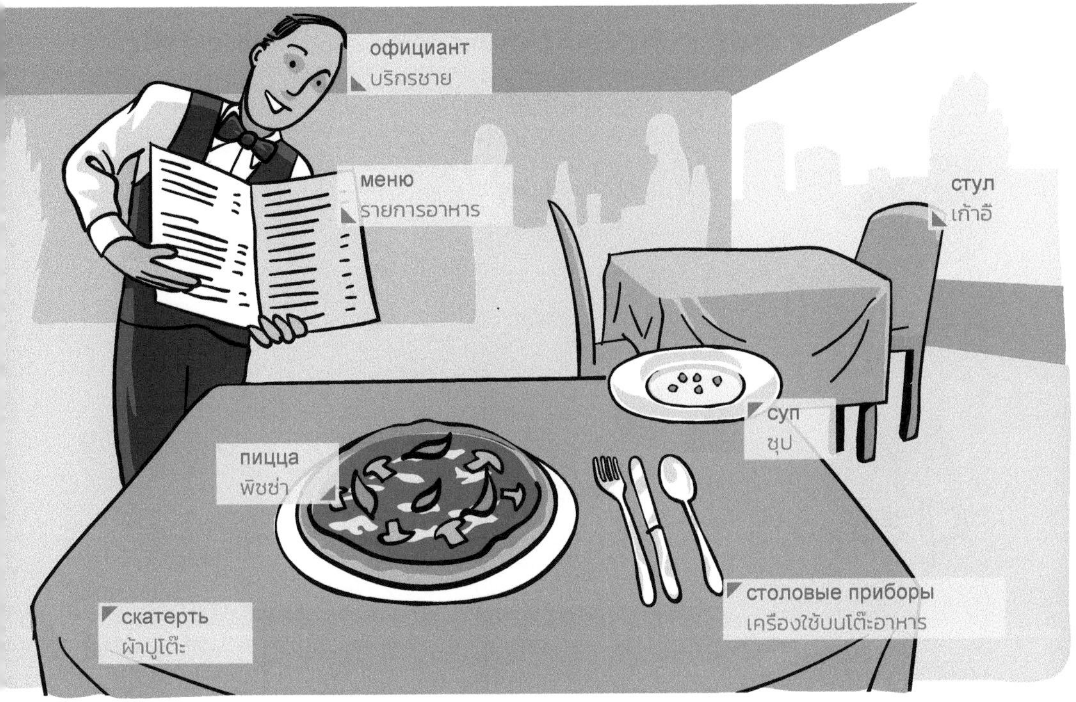
официант
บริกรชาย
меню
รายการอาหาร
стул
เก้าอี้
суп
ซุป
пицца
พิซซ่า
скатерть
ผ้าปูโต๊ะ
столовые приборы
เครื่องใช้บนโต๊ะอาหาร

закуска

อาหารเรียกน้ำย่อย

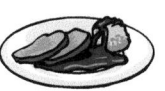

главное блюдо

อาหารจานหลัก

десерт

ของหวาน

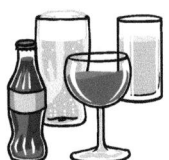

напитки

เครื่องดื่ม

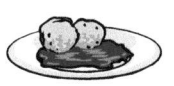

еда

อาหาร

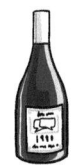

бутылка

ขวด

фастфуд

อาหารจานด่วน

уличная еда

ร้านข้างถนน

чайник

กาน้ำชา

сахарница

โถใส่น้ำตาล

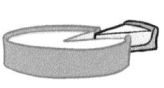

порция

ส่วนแบ่งอาหารสำหรับหนึ่งคน

кофеварка

เครื่องชงกาแฟเอสเปรสโซ่

детский стульчик

เก้าอี้สูง

счет

ใบเสร็จ

поднос

ถาด

нож

มีด

вилка

ส้อม

ложка

ช้อน

чайная ложка

ช้อนชา

салфетка

ผ้าเช็ดปากบนโต๊ะอาหาร

стакан

แก้วน้ำ

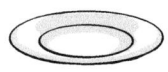

тарелка

จาน

суповая тарелка

จานซุป

блюдце

จานรอง

соус

ซอส

солонка

กระปุกเกลือ

мельница для перца

กระปุกบดพริกไทย

уксус

น้ำส้มสายชู

масло

น้ำมันที่ใช้ปรุงอาหาร

специи

เครื่องเทศ

кетчуп

ซอสมะเขือเทศ

горчица

มัสตาร์ด

майонез

มายองเนส

супермаркет

ซูเปอร์มาร์เก็ต

специальное предложение
ข้อเสนอพิเศษ
FOR
покупатель
ลูกค้า
молочные продукты
ผลิตภัณฑ์ที่ทำจากนม
фрукты
ผลไม้
тележка для покупок
รถเข็น

BUTCHERS

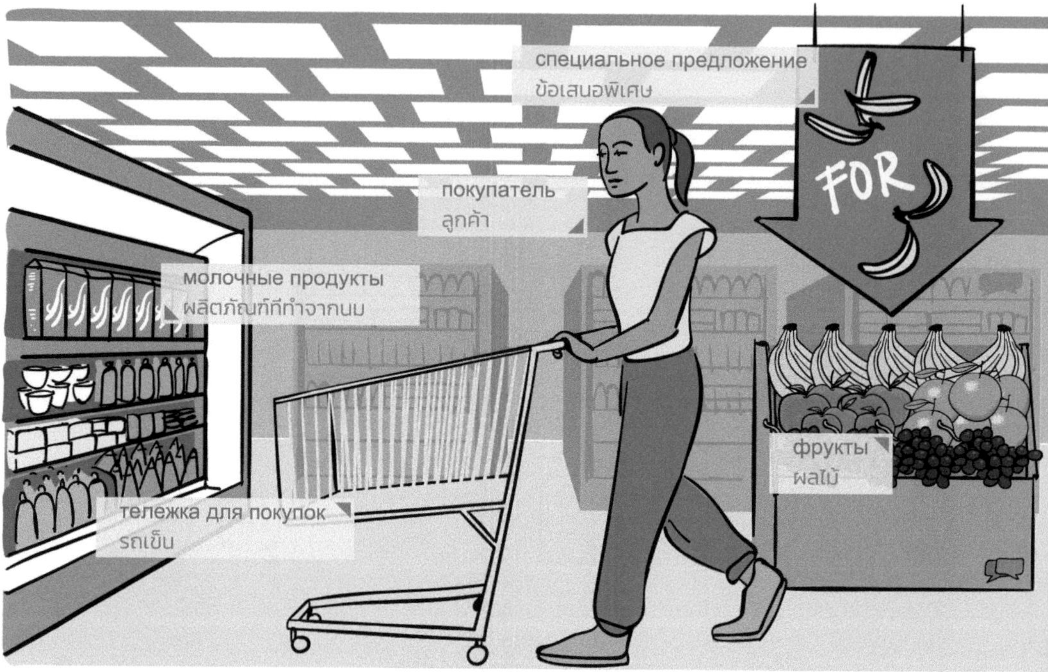

мясной магазин

ร้านขายเนื้อ

BAKERY

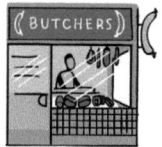

пекарня

ร้านขายขนมปัง

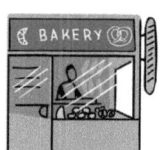

взвешивать

ชั่งน้ำหนัก

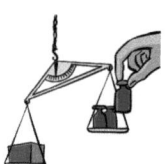

овощи

ผัก

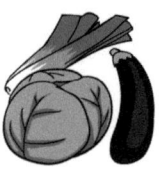

мясо

เนื้อ

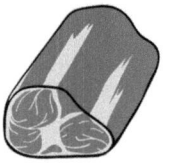

быстрозамороженные продукты

อาหารแช่แข็ง

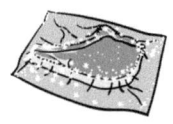

нарезка

อาหารเนื้อตัดเย็น

консервы

อาหารกระป๋อง

стиральный порошок

ผงซักฟอก

сладости

ขนมหวาน/ลูกกวาด

предмет домашнего обихода

ผลิตภัณฑ์ในครัวเรือน

моющее средство

ผลิตภัณฑ์ทำความสะอาด

продавщица

พนักงานขายหญิง

касса

เครื่องคิดเงิน

кассир

พนักงานจ่ายเงิน

список покупок

รายการซื้อของ

время работы

เวลาเปิดทำการ

бумажник

กระเป๋าสตางค์

кредитная карточка

บัตรเครดิต

сумка

กระเป๋า

полиэтиленовый пакет

ถุงพลาสติก

вода

น้ำเปล่า

сок

น้ำผลไม้

молоко

นม

кока-кола

โค้ก

вино

ไวน์

пиво

เบียร์

алкоголь

แอลกอฮอล์

какао

โกโก้

чай

ชา

кофе

กาแฟ

эспрессо

เอสเปรสโซ่

капучино

คาปูชิโน่

банан

กล้วย

яблоко

แอปเปิ้ล

апельсин

ส้ม

арбуз

เมลอน

лимон

มะนาว

морковь

แครอท

чеснок

กระเทียม

бамбук

ต้นไผ่

лук

หัวหอม

гриб

เห็ด

орехи

ถั่ว

лапша

ก๋วยเตี๋ยว

спагетти

สปาเก็ตตี้

рис

ข้าว

салат

สลัด

картофель фри

มันฝรั่งทอด

жареный картофель

มันฝรั่งทอด

пицца

พิซซ่า

гамбургер

แฮมเบอร์เกอร์

сэндвич

แซนด์วิช

шницель

ชิ้นเนื้อไร้กระดูก

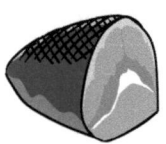

ветчина

แฮม

салями

ไส้กรอกแห้งซาลามิ

колбаса

ไส้กรอก

курица

ไก่

жаркое

ย่าง/ปิ้ง

рыба

ปลา

овсяные хлопья

โจ๊กข้าวโอ๊ต

мюсли

ธัญพืชอบกรอบ

кукурузные хлопья

คอร์นเฟล็ค

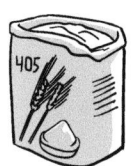

мука

แป้งทำอาหาร

круассан

ครัวซองค์

булочка

ขนมปังสโคน

хлеб

ขนมปัง

тост

ขนมปังปิ้ง

печенье

บิสกิต

масло

เนย

творог

นมข้น

пирог

เค้ก

яйцо

ไข่

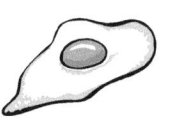

яичница

ไข่ดาว

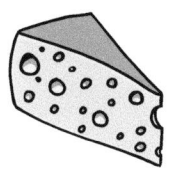

сыр

ชีส

мороженое

ไอศกรีม

сахар

น้ำตาล

мёд

น้ำผึ้ง

мармелад

แยม

крем с нугой

ช็อกโกแลตครีมสเปรด

карри

แกงกะหรี่

ферма
ฟาร์ม

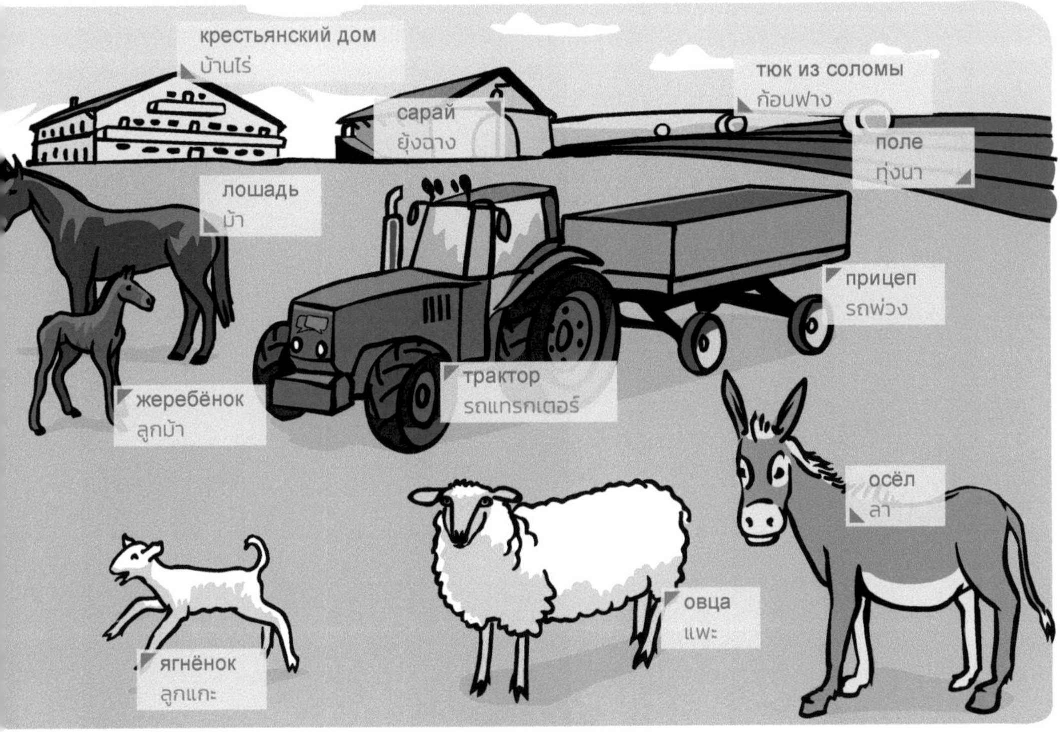
крестьянский дом
บ้านไร่
тюк из соломы
ก้อนฟาง
сарай
ยุ้งฉาง
поле
ทุ่งนา
лошадь
ม้า
прицеп
รถพ่วง
трактор
รถแทรกเตอร์
жеребёнок
ลูกม้า
осёл
ลา
овца
แพะ
ягнёнок
ลูกแกะ

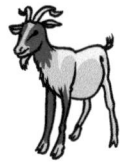

коза

แพะ

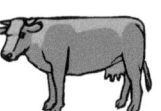

корова

วัวตัวเมีย

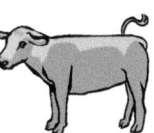

телёнок

ลูกวัว

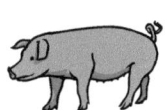

свинья

หมู

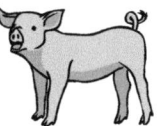

поросёнок

ลูกหมู

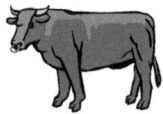

бык

วัวตัวผู้

гусь

ห่าน

утка

เป็ด

цыплёнок

ลูกไก่

курица

แม่ไก่

петух

ไก่ตัวผู้

крыса

หนู

кошка

แมว

мышь

หนู

вол

วัวตัวผู้สำหรับใช้แรงงานในฟาร์ม

собака

สุนัข

конура

บ้านสุนัข

садовый шланг

สายยางที่ใช้ในสวน

лейка

บัวรดน้ำต้นไม้

коса

เคียวด้ามยาว

плуг

คันไถ

серп

เคียว

мотыга

จอบ

навозные вилы

คราด

топор

ค้อน

тачка

รถเข็นล้อเดียว

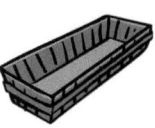

корыто

รางน้ำ

бидон для молока

ถังใส่นม

мешок

กระสอบ

забор

รั้ว

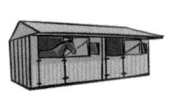

хлев

คอกม้า

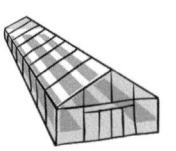

теплица

เรือนกระจก

почва

ดิน

посев

เมล็ดพืช

удобрение

ปุ๋ย

комбайн

เครื่องเกี่ยวนวดข้าว

собирать урожай

เก็บเกี่ยว

урожай

การเก็บเกี่ยว

ямс

มันเทศ

пшеница

ข้าวสาลี

соя

ถั่วเหลือง

картофель

มันฝรั่ง

кукуруза

ข้าวโพด

рапс

ดอกเรพซีด

фруктовое дерево

ต้นไม้ที่ออกผล

маниок

มันสำปะหลัง

злаки

ธัญพืช

дом

บ้าน

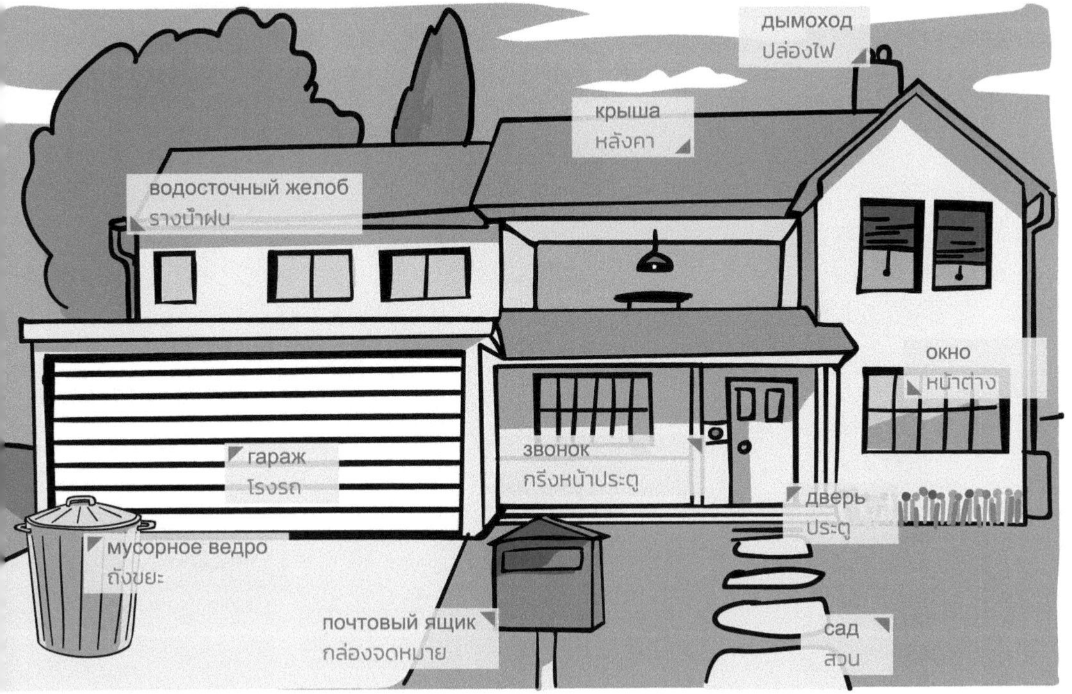

дымоход
ปล่องไฟ
крыша
หลังคา
водосточный желоб
รางน้ำฝน
окно
หน้าต่าง
звонок
กริ่งหน้าประตู
гараж
โรงรถ
дверь
ประตู
мусорное ведро
ถังขยะ
почтовый ящик
กล่องจดหมาย
сад
สวน

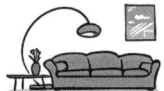

гостиная

ห้องนั่งเล่น

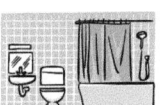

ванная комната

ห้องน้ำ

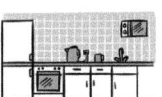

кухня

ห้องครัว

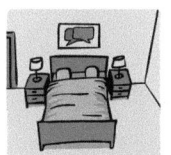

спальня

ห้องนอน

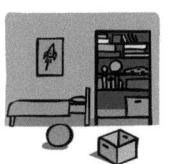

детская комната

ห้องพักสำหรับเด็ก

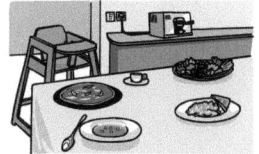

столовая

ห้องอาหาร

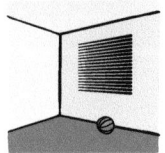

пол

พื้น

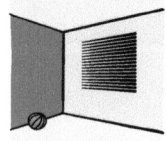

стена

ผนัง

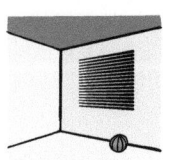

потолок

เพดาน

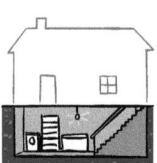

подвал

ห้องเก็บของใต้ดิน

сауна

ซาวน่า

балкон

ระเบียง

терраса

ลานตะพักลำน้ำ

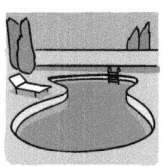

бассейн

สระว่ายน้ำ

газонокосилка

เครื่องตัดหญ้า

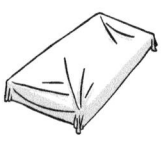

пододеяльник

ผ้าปูที่นอน

покрывало

ผ้าคลุมเตียง

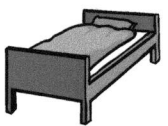

кровать

เตียง

метла

ไม้กวาด

ведро

ถังน้ำ

выключатель

สวิตช์

гостиная

ห้องนั่งเล่น

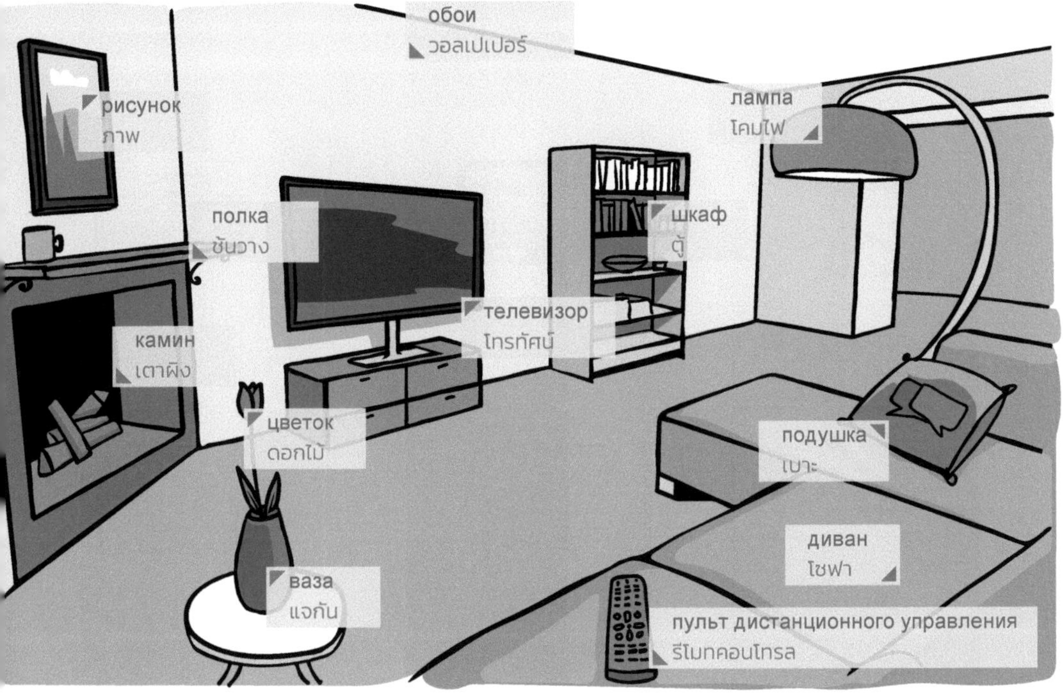

обои
วอลเปเปอร์
рисунок
ภาพ
лампа
โคมไฟ
полка
ชั้นวาง
шкаф
ตู้
телевизор
โทรทัศน์
камин
เตาผิง
цветок
ดอกไม้
подушка
เบาะ
диван
โซฟา
ваза
แจกัน
пульт дистанционного управления
รีโมทคอนโทรล

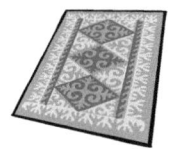

ковёр

พรมเช็ดเท้า

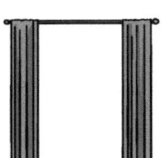

штора

ผ้าม่าน

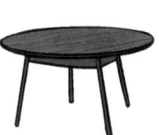

стол

โต๊ะ

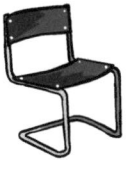

стул

เก้าอี้

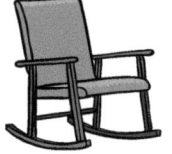

кресло-качалка

เก้าอี้โยก

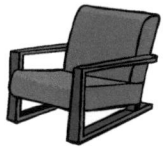

кресло

เก้าอี้ที่มีที่วางแขน

книга

หนังสือ

покрывало

ผ้าห่ม

украшение

ของตกแต่ง

дрова

ฟืน

фильм

ภาพยนตร์

стереосистема

เครื่องเสียงระบบไฮไฟ

ключ

กุญแจ

газета

หนังสือพิมพ์

картина

จิตรกรรม

плакат

โปสเตอร์

радио

วิทยุ

блокнот

สมุด

пылесос

เครื่องดูดฝุ่น

кактус

ตะบองเพชร

свеча

เทียนไข

кухня
ห้องครัว

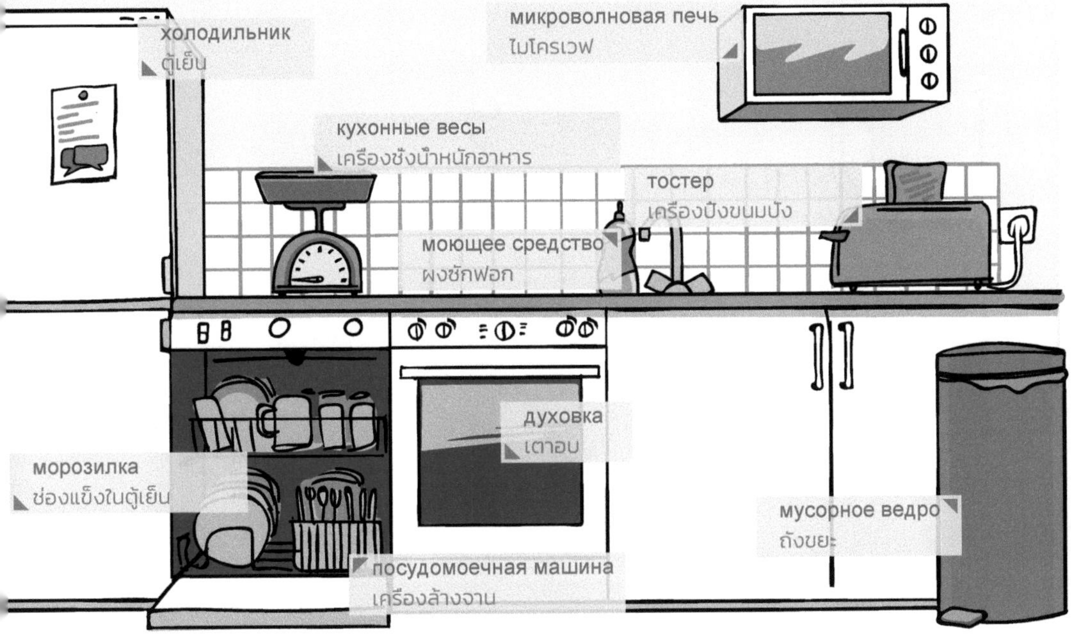

холодильник
ตู้เย็น
микроволновая печь
ไมโครเวฟ
кухонные весы
เครื่องชั่งน้ำหนักอาหาร
тостер
เครื่องปิ้งขนมปัง
моющее средство
ผงซักฟอก
духовка
เตาอบ
морозилка
ช่องแข็งในตู้เย็น
мусорное ведро
ถังขยะ
посудомоечная машина
เครื่องล้างจาน

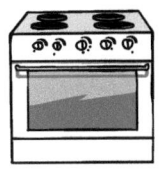

плита

เตาปรุงอาหาร

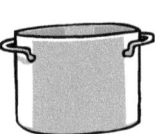

кастрюля

หม้อ

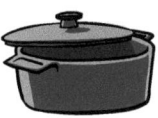

чугунный котелок

หม้อเหล็กหล่อ

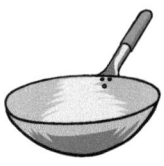

вок / кадай

กระทะจีน

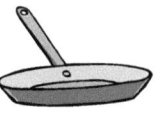

сковорода

กระทะ

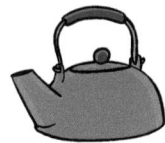

чайник

กาต้มน้ำ

пароварка

หม้อไอน้ำ

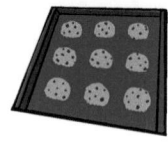

противень

ถาดอบ

посуда

เครื่องถ้วยชาม

кружка

เหยือก

миска

ชาม

палочки для еды

ตะเกียบ

половник

ทัพพีด้ามยาว

лопатка

ตะหลิว

сбивалка

ที่ตีไข่

сито

ที่กรอง

сито

กระชอน

тёрка

ที่ขูด

ступка

ครก

гриль

บาร์บีคิว

костёр

แคมป์ไฟถาวร

доска

เขียง

скалка

ไม้นวดแป้ง

штопор

สว่านเปิดจุกขวด

жестяная банка

กระป๋อง

консервный нож

ที่เปิดกระป๋อง

прихватка

ถุงมือจับของร้อน

раковина

อ่างล้างจาน

щетка

แปรง

губка

ฟองน้ำ

миксер

เครื่องปั่น

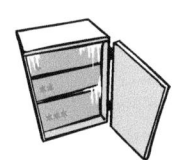

морозильная камера

ตู้แช่แข็ง

бутылочка для кормления

ขวดนม

кран

ก๊อกน้ำ

отопление
เครื่องทำความร้อน

душ
ฝักบัว

полотенце
ผ้าเช็ดมือ

душевая занавеска
ม่านห้องน้ำ

пенистая ванна
สบู่ทำฟอง

ванна
อ่างอาบน้ำ

стакан
แก้วน้ำ

стиральная машина
เครื่องซักผ้า

кран
ก๊อกน้ำ

плитка
กระเบื้อง

горшок
โถส้วมสำหรับเด็ก

раковина
อ่างล้างจาน

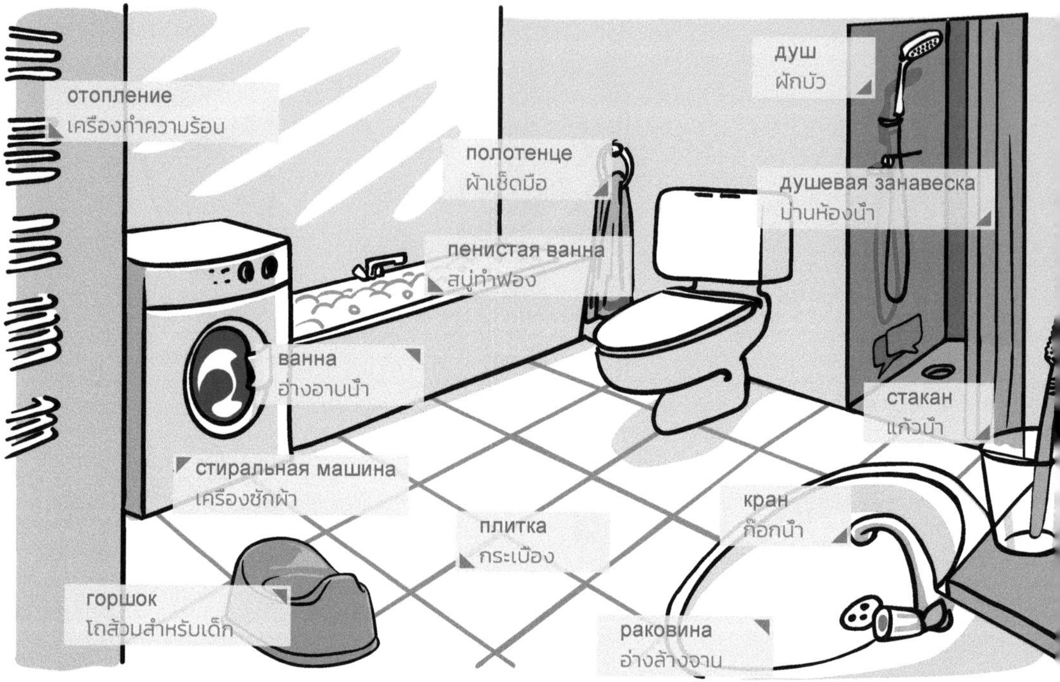

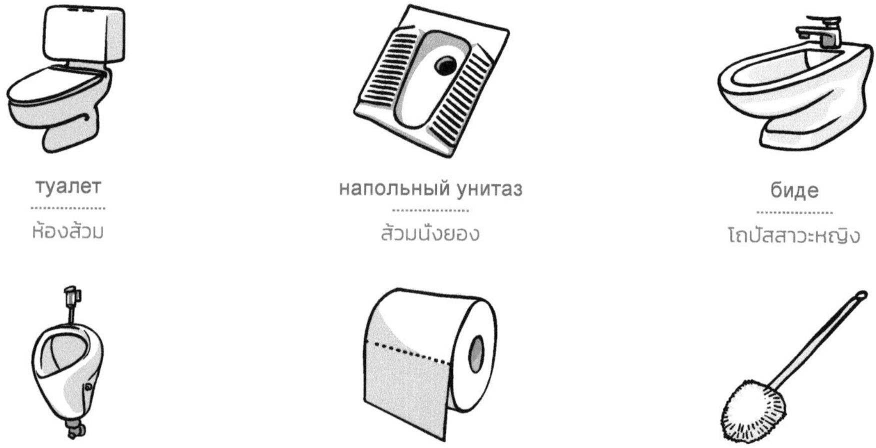

туалет

ห้องส้วม

напольный унитаз

ส้วมนั่งยอง

биде

โถปัสสาวะหญิง

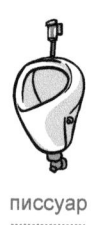

писсуар

โถปัสสาวะชาย

туалетная бумага

กระดาษชำระสำหรับใช้ในห้องน้ำ

ершик

แปรงขัดห้องน้ำ

зубная щетка

แปรงสีฟัน

зубная паста

ยาสีฟัน

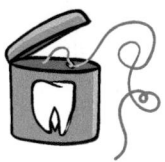

зубная нить

ไหมขัดฟัน

мыть

ล้าง

ручной душ

ฝักบัวมือ

интимный душ

สายฉีดชำระ

таз

อ่างล้างหน้า

щетка для спины

แปรงถูหลัง

мыло

สบู่

гель для душа

เจลอาบน้ำ

шампунь

แชมพู

мочалка

ผ้าสักหลาด

сток

ท่อระบายน้ำทิ้ง

крем

ครีม

дезодорант

ผลิตภัณฑ์ระงับกลิ่นตัว

зеркало

กระจก

ручное зеркало

กระจกถือ

бритва

ที่โกนหนวด

пена для бритья

โฟมโกนหนวด

лосьон после бритья

โลชั่นบำรุงผิวหลังโกนหนวด

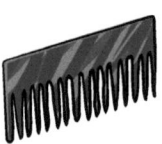

расческа

หวี

щетка

แปรง

фен

ไดร์เป่าผม

лак для волос

สเปรย์ฉีดผม

косметика

ชุดเครื่องสำอาง

губная помада

ลิปสติก

лак для ногтей

น้ำยาทาเล็บ

вата

สำลี

маникюрные ножницы

กรรไกรตัดเล็บ

духи

น้ำหอม

косметичка

กระเป๋าอาบน้ำ

табуретка

เก้าอี้สามขา

весы

เครื่องชั่งน้ำหนัก

халат

เสื้อคลุมอาบน้ำ

резиновые перчатки

ถุงมือยาง

тампон

ผ้าอนามัยแบบสอด

гигиеническая прокладка

ผ้าอนามัย

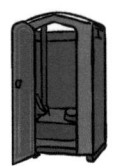

биотуалет

ส้วมเคมี

детская комната

ห้องพักสำหรับเด็ก

будильник
นาฬิกาปลุก
мягкая игрушка
ของเล่นน่ารักน่ากอด
игрушечный автомобиль
รถยนต์ของเล่น
погремушка
ของเล่นประเภทเขย่าแล้วมีเสียง
кукольный домик
บ้านตุ๊กตา
подарок
ของขวัญ

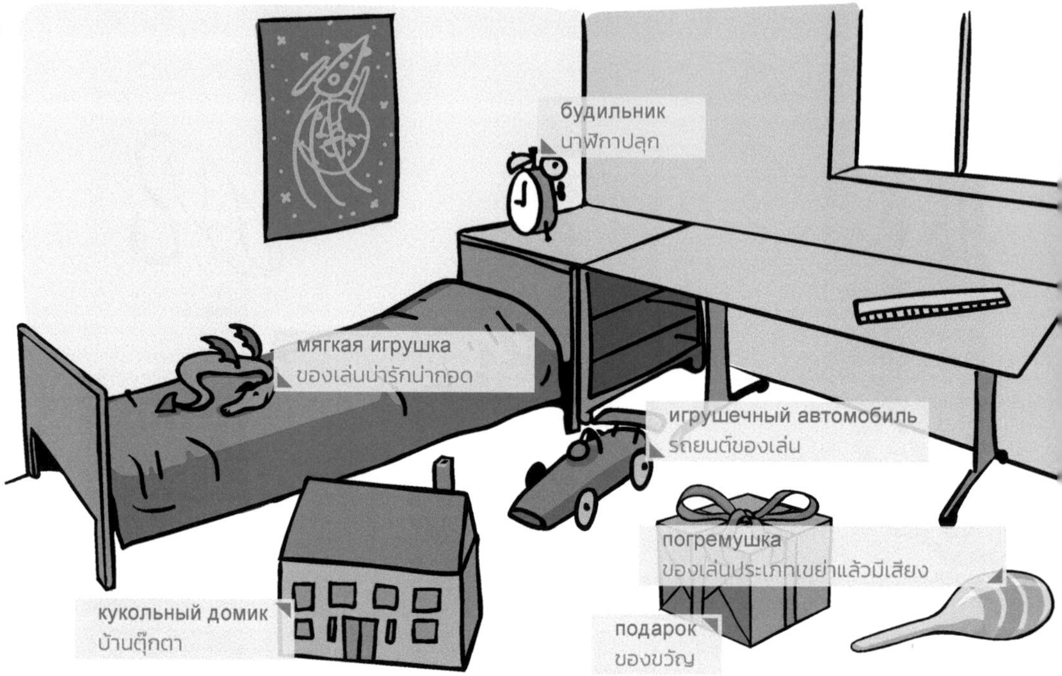

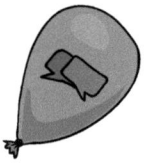

воздушный шар

ลูกโป่ง

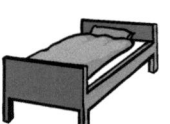

кровать

เตียง

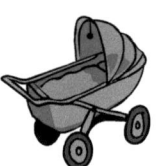

детская коляска

รถเข็นเด็ก

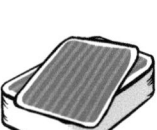

карточная игра

สำรับไพ่

пазл

จิ๊กซอว์

SUPER MEGA

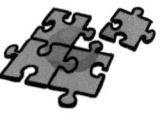

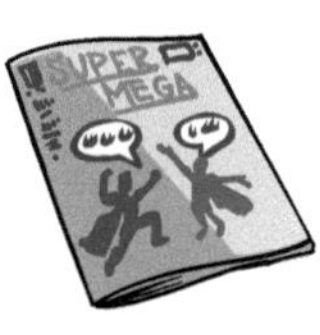

комикс

หนังสือการ์ตูน

кирпичики Лего

ตัวต่อเลโก้

кубики

บล็อกของเล่น

игрушечная фигурка

ฟิกเกอร์แบบขยับท่าทางได้

ползунки

เสื้อผ้าทารก

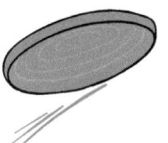

фрисби

จานร่อน

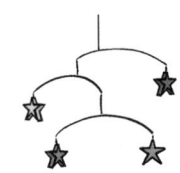

мобиле

โมบายแขวนหัวเตียงเด็ก

настольная игра

เกมกระดาน

кубик

ลูกเต๋า

модель железной дороги

ชุดรถไฟจำลอง

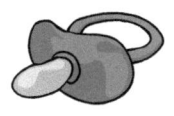

соска

หุ่น

вечеринка

ปาร์ตี้

книга с картинками

หนังสือภาพ

мяч

ลูกบอล

кукла

ตุ๊กตา

играть

เล่น

песочница

หลุมทราย

качели

ชิงช้า

игрушка

ของเล่น

игровая приставка

เครื่องเล่นวิดีโอเกม

трёхколесный велосипед

รถจักรยานสามล้อ

плюшевый медвежонок

ตุ๊กตาหมี

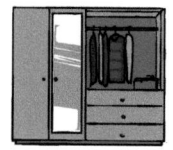

шкаф для одежды

ตู้เสื้อผ้า

одежда

เสื้อผ้า

носки

ถุงเท้า

чулки

ถุงน่อง

колготки

กางเกงรัดรูป

шарф
ผ้าพันคอ

зонтик
ร่ม

футболка
เสื้อยืดคอกลม

ремень
เข็มขัด

сапоги
รองเท้าบูท

тапки
รองเท้าสวมเดินในบ้าน

кроссовки
รองเท้ากีฬา

сандалии
รองเท้าแตะ

ботинки
รองเท้า

резиновые сапоги
รองเท้าบูทยาง

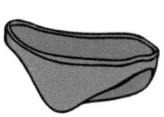

трусы
กางเกงชั้นใน

бюстгальтер
ยกทรง

майка
เสื้อกล้าม

боди

เสื้อรัดรูป

брюки

กางเกงขายาว

джинсы

กางเกงยีน

юбка

กระโปรง

блузка

เสื้อเชิ้ตสตรี

рубашка

เสื้อเชิ้ต

свитер

เสื้อกันหนาว

свитер

เสื้อคลุมมีหมวก

спортивная куртка

เสื้อเบลเชอร์

жакет

เสื้อแจ็กเก็ต

пальто

เสื้อโค้ท

плащ

เสื้อกันฝน

костюм

เครื่องแต่งกาย

платье

ชุดเดรส

свадебное платье

ชุดแต่งงาน

мужской костюм

เสื้อสูท

ночная сорочка

ชุดราตรี

пижама

ชุดนอน

сари

ผ้าส่าหรี

платок

ฮิญาบ

тюрбан

ผ้าโพกศรีษะ

паранджа

เสื้อบุรุเกาะ

кафтан

เสื้อคลุมคาฟตาน

абайя

เสื้อคลุมอบายะห์

купальник

ชุดว่ายน้ำ

плавки

กางเกงว่ายน้ำ

шорты

กางเกงขาสั้น

спортивный костюм

ชุดวอร์ม

фартук

ผ้ากันเปื้อน

перчатки

ถุงมือ

пуговица

กระดุม

очки

แว่นตา

браслет

กำไลข้อมือ

цепочка

สร้อยคอ

кольцо

แหวน

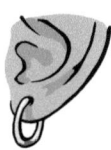

серьга

ต่างหู

шапка

หมวกแก๊ป

вешалка

ที่แขวนเสื้อโค้ท

шляпа

หมวกปีกกว้าง

галстук

เนคไท

застежка молния

ซิป

шлем

หมวกกันน็อก

подтяжки

สายโยงกางเกง

школьная форма

ชุดนักเรียน

форма

เครื่องแบบ

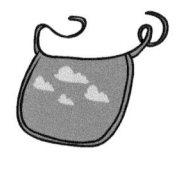

детский нагрудник

ผ้ากันเปื้อนเด็ก

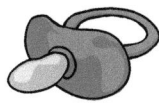

соска

หุ่น

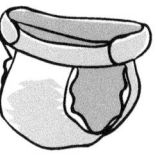

подгузник

ผ้าอ้อม

офис

สำนักงาน

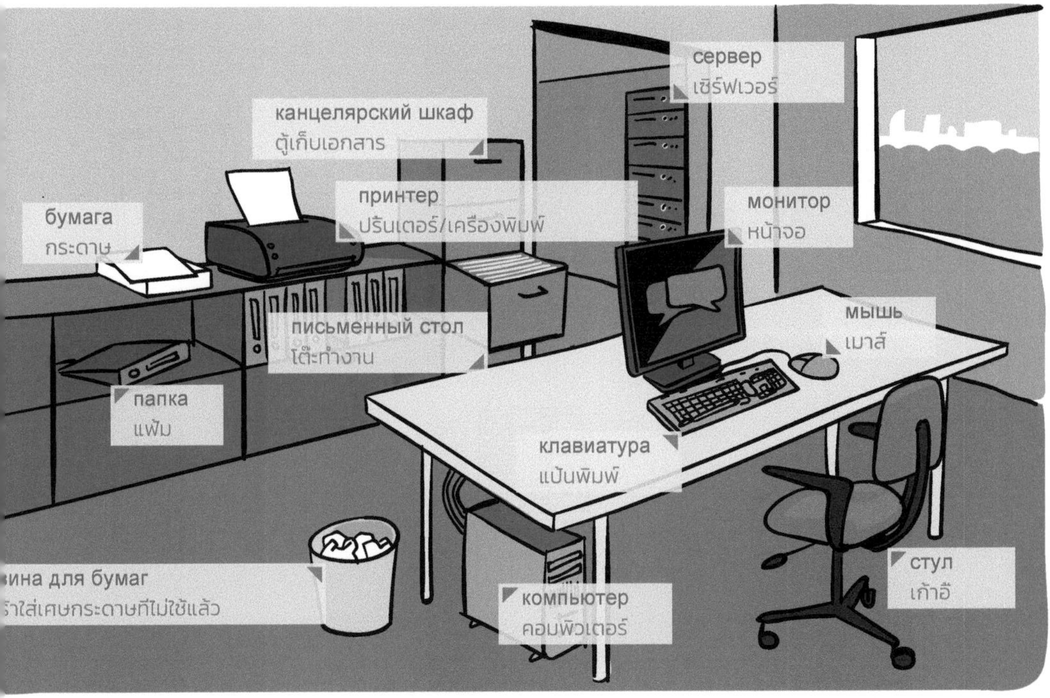

сервер
เซิร์ฟเวอร์
канцелярский шкаф
ตู้เก็บเอกสาร
бумага
กระดาษ
принтер
ปริ้นเตอร์/เครื่องพิมพ์
монитор
หน้าจอ
мышь
เมาส์
письменный стол
โต๊ะทำงาน
папка
แฟ้ม
клавиатура
แป้นพิมพ์
ина для бумаг
าใส่เศษกระดาษที่ไม่ใช้แล้ว
стул
เก้าอี้
компьютер
คอมพิวเตอร์

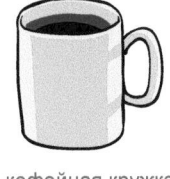

кофейная кружка

แก้วมัคใส่กาแฟ

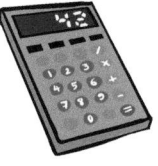

калькулятор

เครื่องคิดเลข

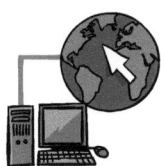

интернет

อินเตอร์เน็ต

ноутбук

คอมพิวเตอร์แบบพกพา

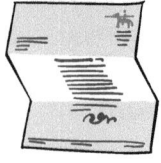

письмо

จดหมาย

сообщение

ข้อความ

мобильный телефон

โทรศัพท์มือถือ

сеть

เครือข่าย

ксерокс

เครื่องถ่ายเอกสาร

программа

ซอฟต์แวร์

телефон

โทรศัพท์

розетка

ปลั๊กตัวเมีย/เต้าเสียบ

факс

เครื่องแฟกซ์

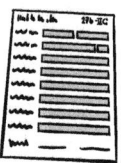

формуляр

แบบฟอร์ม

документ

เอกสาร

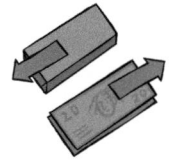

покупать

ซื้อ

платить

จ่าย

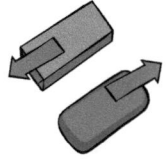

торговать

แลกเปลี่ยน

деньги

เงิน

 USD

доллар

ดอลลาร์

 EUR

евро

ยูโร

JPY

иена

เยน

RUB

рубль

รูเบิล

CHF

франк

ฟรังก์สวิส

CNY

жэньминьби юань

หยวนเหรินหมินปี้

INR

рупия

รูปี

банкомат

เครื่องสำหรับกดเงินสดจากธนา
คาร

пункт обмена валюты

สำนักงานแลกเปลี่ยนเงินตรา

золото

ทอง

серебро

เงิน

нефть

น้ำมัน

энергия

พลังงาน

цена

ราคา

договор

สัญญา

налог

ภาษี

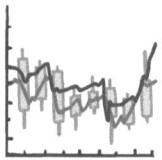

акция

หุ้น

работать

ทำงาน

служащий

ลูกจ้าง

работодатель

นายจ้าง

фабрика

โรงงาน

магазин

ร้านค้า

экономика - ความประหยัด

профессии

อาชีพ

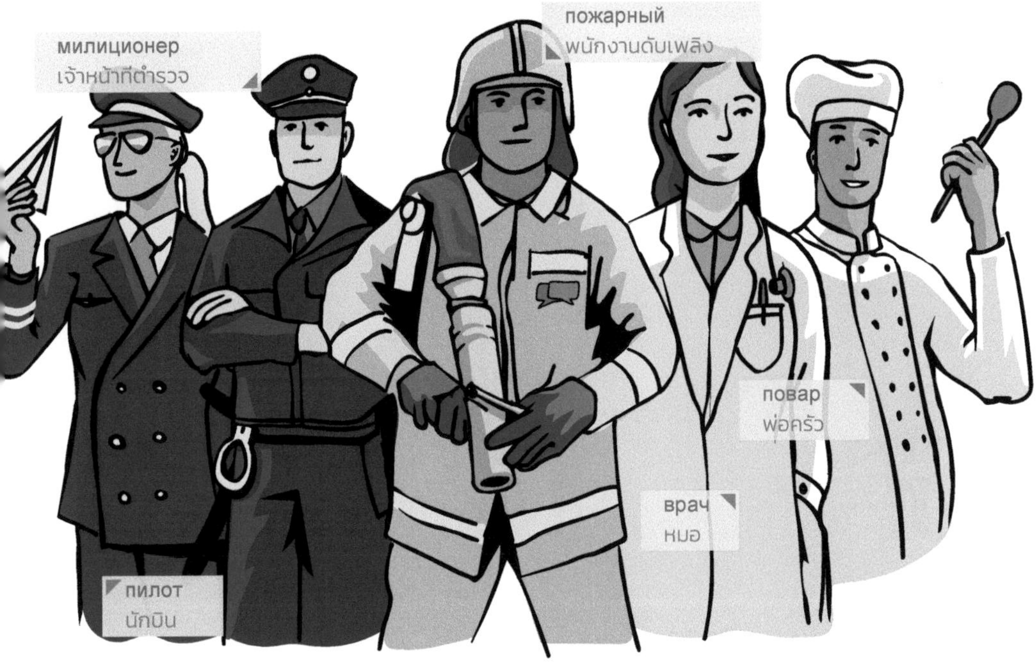
милиционер
เจ้าหน้าที่ตำรวจ
пожарный
พนักงานดับเพลิง
повар
พ่อครัว
врач
หมอ
пилот
นักบิน

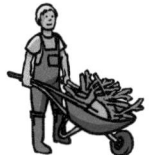

садовник

ชาวสวน

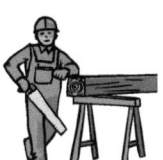

столяр

ช่างไม้

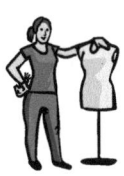

швея

ช่างเย็บผ้าที่เป็นผู้หญิง

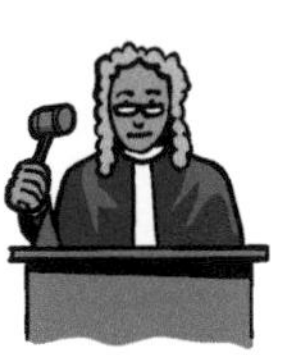

судья

ผู้พิพากษา

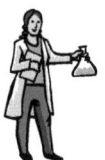

химик

นักเคมี

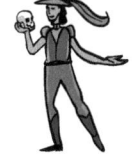

актёр

นักแสดงชาย

водитель автобуса

คนขับรถประจำทาง

таксист

คนขับรถแท็กซี่

рыбак

ชาวประมง

уборщица

แม่บ้านทำความสะอาด

кровельщик

ช่างมุงหลังคา

официант

บริกรชาย

охотник

นายพราน

художник

จิตรกร

пекарь

คนทำขนมปัง

электрик

ช่างไฟฟ้า

строитель

ช่างก่อสร้าง

инженер

วิศวกร

мясник

คนขายเนื้อ

сантехник

ช่างประปา

почтальон

บุรุษไปรษณีย์

солдат

ทหาร

архитектор

สถาปนิก

кассир

พนักงานจ่ายเงิน

флорист

คนขายดอกไม้

парикмахер

ช่างทำผม

кондуктор

พนักงานตรวจตั๋ว

механик

ช่างซ่อมรถยนต์

капитан

กัปตัน

зубной врач

ทันตแพทย์

ученый

นักวิทยาศาสตร์

раввин

แรบไบ

имам

อิหม่าม

монах

พระ

священник

พระ/นักบวช

инструменты

เครื่องมือ

плоскогубцы
คีม
молоток
ค้อน
отвёртка
ไขควง
карманный фо
ไฟฉาย
гаечный ключ
ประแจ

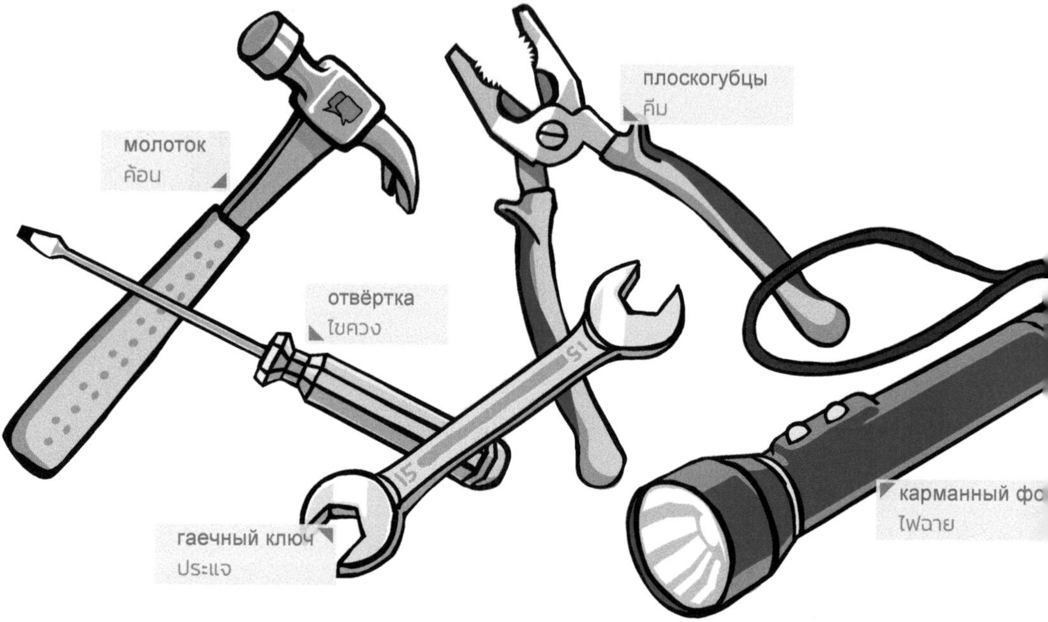

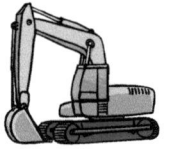

экскаватор

เครื่องขุด

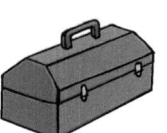

ящик для инструментов

กล่องเครื่องมือ

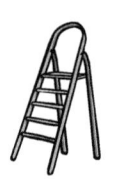

стремянка

กระได

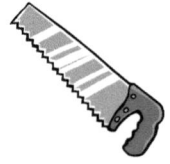

пила

เลื่อย

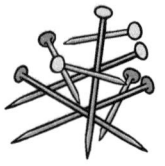

гвозди

ตะปู

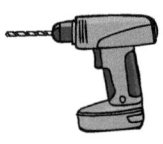

дрель

สว่าน

ремонтировать

ช่อมแชม

лопата

พลั่ว

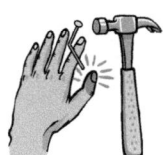

Блин!

ตายห่า!

совок

ที่โกยขยะ

ведро с краской

ถังสี

винты

สกรู

музыкальные инструменты
เครื่องดนตรี

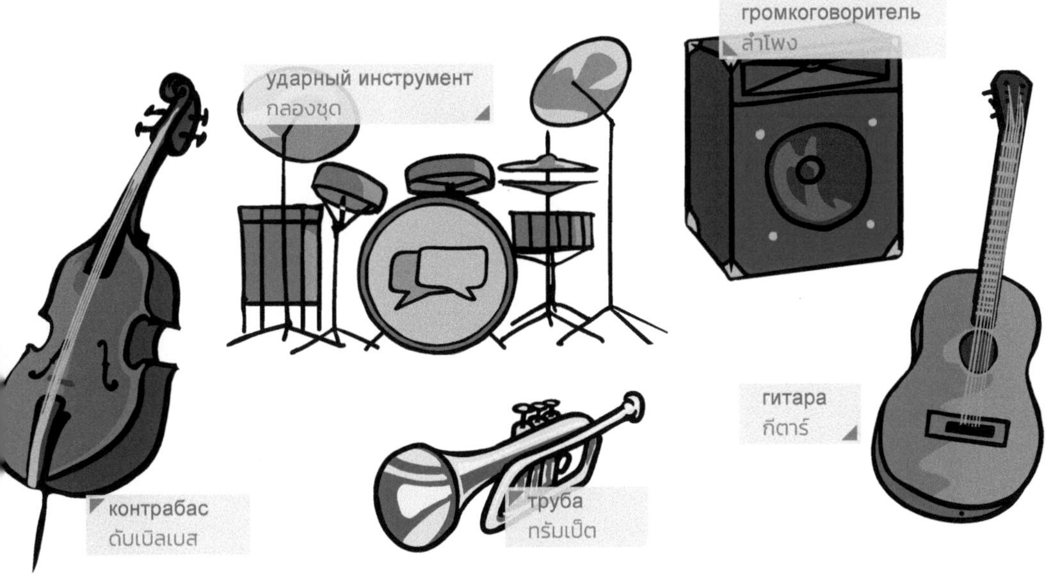

громкоговоритель
ลำโพง

ударный инструмент
กลองชุด

гитара
กีตาร์

контрабас
ดับเบิลเบส

труба
ทรัมเป็ต

пианино

เปียโน

скрипка

ไวโอลิน

бас-гитара

เบส

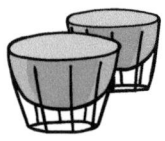

литавры

กลองทิมปานี

барабан

กลอง

синтезатор

คีย์บอร์ด

саксофон

แซ็กโซโฟน

флейта

ฟลูต

микрофон

ไมโครโฟน

зоопарк

สวนสัตว์

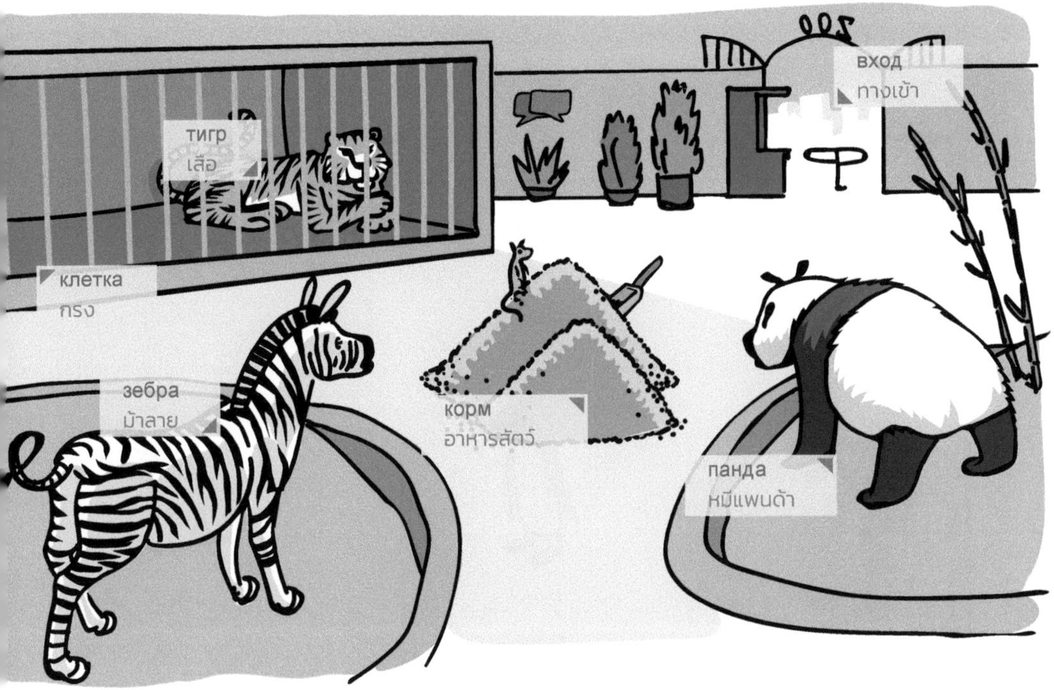
вход
ทางเข้า
тигр
เสือ
клетка
กรง
зебра
ม้าลาย
корм
อาหารสัตว์
панда
หมีแพนด้า

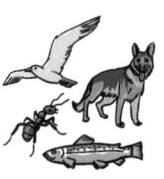

животные

สัตว์

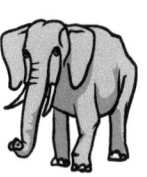

слон

ช้าง

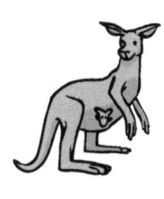

кенгуру

จิงโจ้

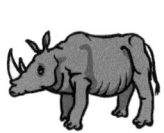

носорог

แรด

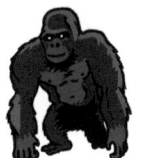

горилла

กอริลล่า

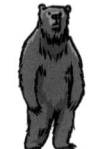

медведь

หมี

верблюд

อูฐ

страус

นกกระจอกเทศ

лев

สิงโต

обезьяна

ลิง

фламинго

นกฟลามิงโก

попугай

นกแก้ว

белый медведь

หมีขั้วโลก

пингвин

เพนกวิน

акула

ฉลาม

павлин

นกยูง

змея

งู

крокодил

จระเข้

служитель зоопарка

ผู้ดูแลสัตว์

тюлень

แมวน้ำ

ягуар

เสือจากัวร์

пони

บ้าพันธุ์เล็ก

леопард

เสือดาว

бегемот

ฮิปโป

жираф

ยีราฟ

орёл

เหยี่ยว

кабан

หมูป่าตัวผู้

рыба

ปลา

черепаха

เต่า

морж

ช้างน้ำ

лиса

จิ้งจอก

газель

กาเซลล์

американский футбол
อเมริกันฟุตบอล

езда на велосипеде
ขี่จักรยาน

теннис
เทนนิส

баскетбол
บาสเกตบอล

плавание
ว่ายน้ำ

бокс
มวย

хоккей
ฮอคกี้น้ำแข็ง

футбол
ฟุตบอล

бадминтон
แบดมินตัน

лёгкая атлетика
กรีฑา

гандбол
แฮนด์บอล

лыжный спорт
สกี

поло
กีฬาโปโลน้ำ

действия
กิจกรรม

смеяться
หัวเราะ
прыгать
กระโดด
обнимать
กอด
идти
เดิน
петь
ร้องเพลง
мечтать
ฝัน
молиться
ภาวนา/สวดมนต์
целовать
จูบ

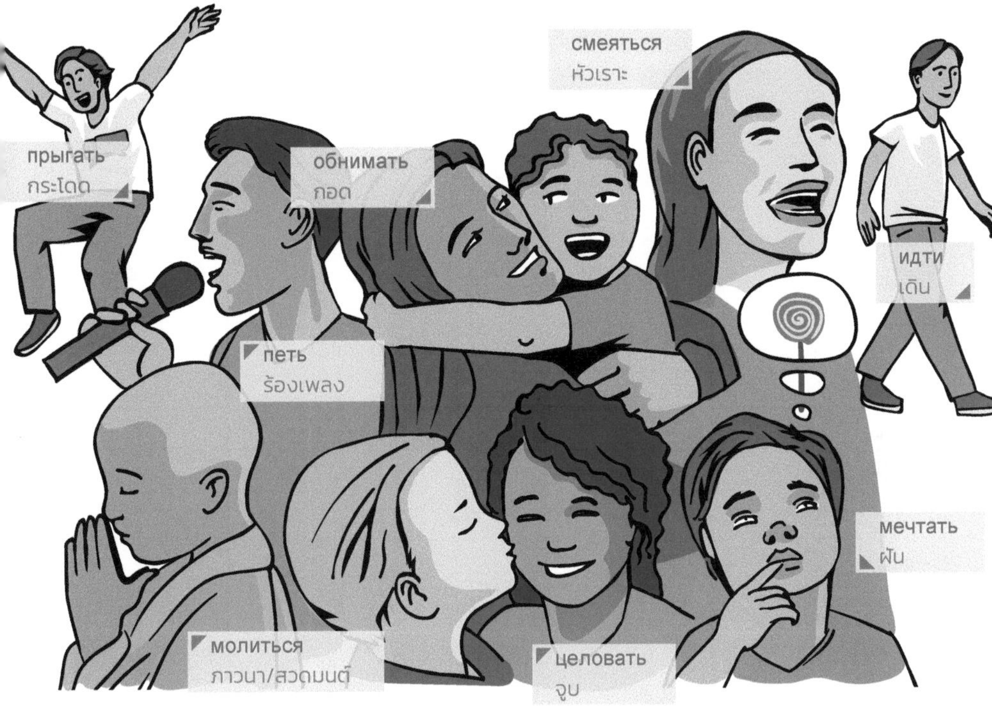

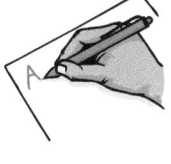

писать

เขียน

рисовать

วาดภาพ

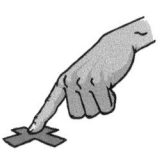

показывать

แสดง

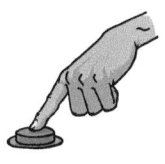

нажимать

ผลัก

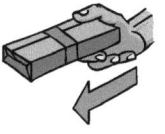

давать

ให้

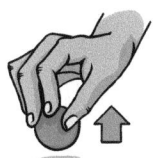

брать

เอาไป

иметь

มี

делать

ทำ

быть

เป็น

стоять

ยืน

бежать

วิ่ง

тянуть

ดึง

бросать

โยน

падать

ตก/หล่น

лежать

นอนเหยียดยาว

ждать

รอคอย

носить

ถือ

сидеть

นั่ง

надевать

แต่งตัว

спать

นอนหลับ

просыпаться

ตื่น

рассматривать

มองดู

плакать

ร้องไห้

гладить

ลูบ

причесывать

หวีผม

говорить

พูดคุย

понимать

เข้าใจ

спрашивать

ถาม

слушать

ฟัง

пить

ดื่ม

кушать

กิน

наводить порядок

จัดให้เป็นระเบียบ

любить

รัก

готовить

ทำอาหาร

ехать

ขับรถ

летать

บิน

ходить под парусом

ล่องเรือ

считать

คำนวณ

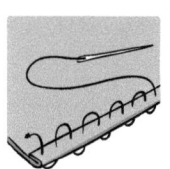

читать

อ่าน

учиться

เรียนรู้

работать

ทำงาน

вступать в брак

แต่งงาน

шить

เย็บ

чистить зубы

แปรงฟัน

убивать

ฆ่า

курить

สูบบุหรี่

отправлять

ส่ง

семья

ครอบครัว

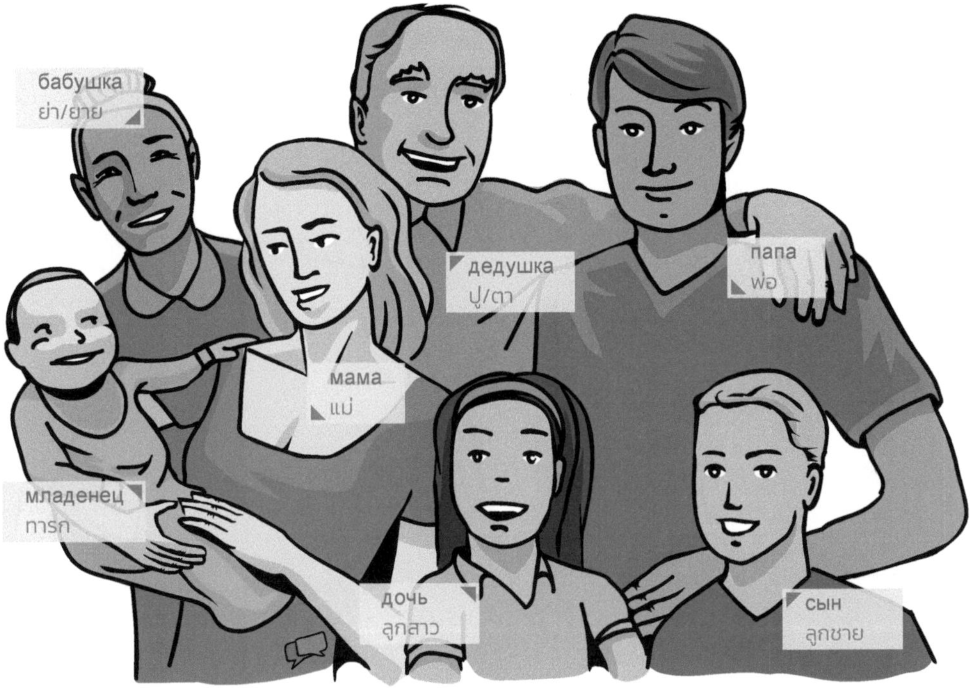
бабушка
ย่า/ยาย
дедушка
ปู่/ตา
папа
พ่อ
мама
แม่
младенец
ทารก
дочь
ลูกสาว
сын
ลูกชาย

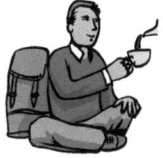

гость

แขก

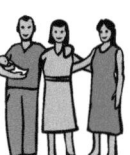

тетя

ป้า

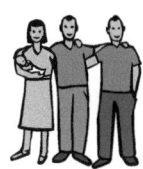

дядя

ลุง

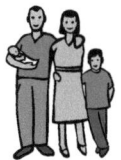

брат

พี่ชาย/น้องชาย

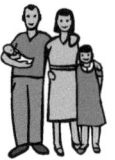

сестра

พี่สาว/น้องสาว

тело

ร่างกาย

лоб
หน้าผาก
глаз
ตา
плечо
ไหล่
палец
นิ้วมือ
лицо
ใบหน้า
подбородок
คาง
кисть
มือ
нога
ขา
грудь
หน้าอก
рука
แขน

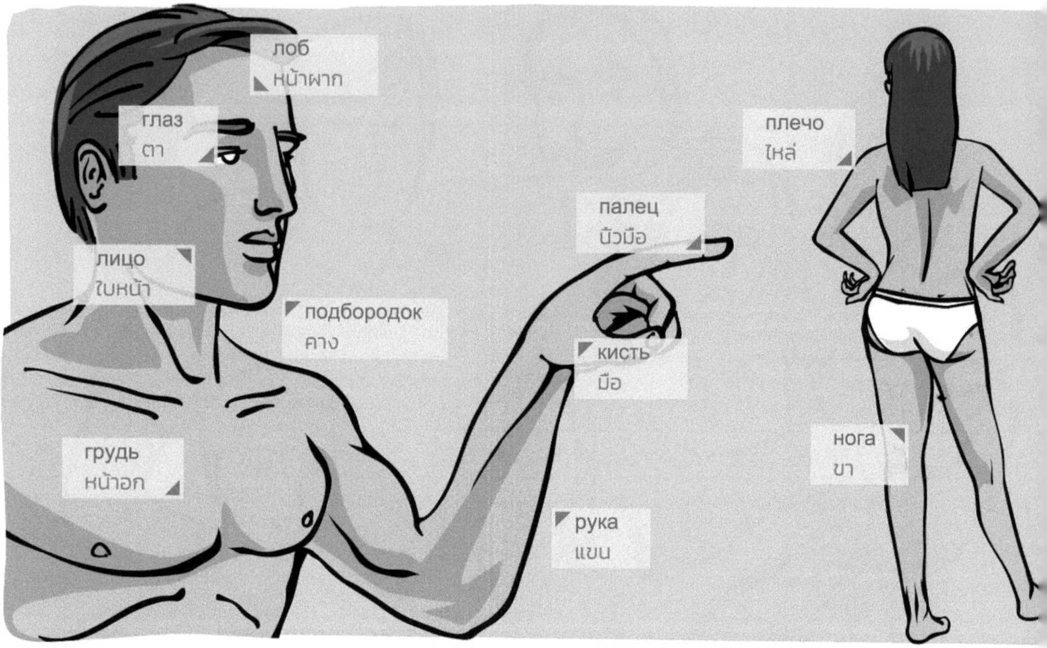

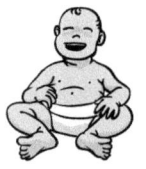

младенец

ทารก

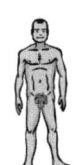

мужчина

ผู้ชาย

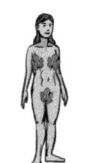

женщина

ผู้หญิง

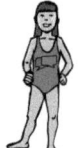

девочка

เด็กผู้หญิง

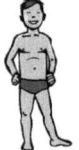

мальчик

เด็กผู้ชาย

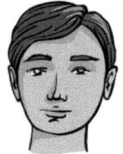

голова

ศีรษะ

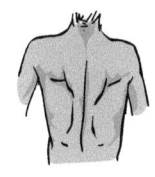

спина
หลัง

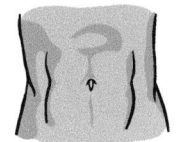

живот
ท้อง

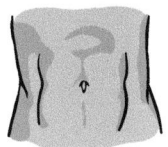

пупок
สะดือ

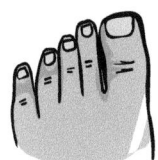

палец ноги
นิ้วเท้า

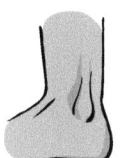

пятка
ส้นเท้า

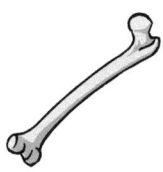

кость
กระดูก

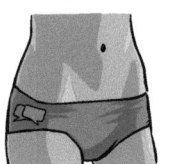

бедро
สะโพก

колено
หัวเข่า

локоть
ข้อศอก

нос
จมูก

ягодицы
ก้น

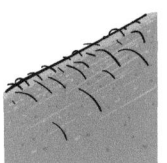

кожа
ผิวหนัง

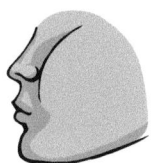

щека
แก้ม

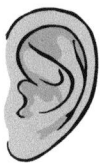

ухо
หู

губа
ริมฝีปาก

тело - ร่างกาย

рот

ปาก

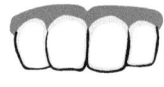

зуб

ฟัน

язык

ลิ้น

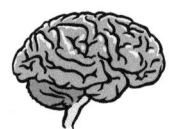

мозг

สมอง

сердце

หัวใจ

мышца

กล้ามเนื้อ

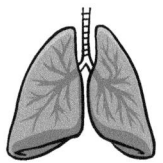

лёгкое

ปอด

печень

ตับ

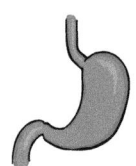

желудок

กระเพาะ

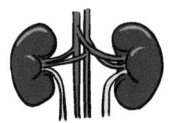

почки

ไต

половой акт

เพศสัมพันธ์

презерватив

ถุงยาง

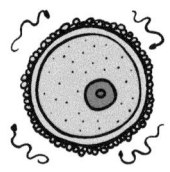

яйцеклетка

เซลล์ไข่

сперма

น้ำอสุจิ

беременность

การตั้งครรภ์

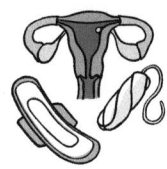

менструация

ประจำเดือน

вагина

ช่องคลอด

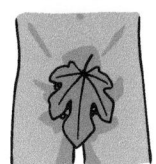

пенис

องคชาต

бровь

คิ้ว

волосы

เส้นผม

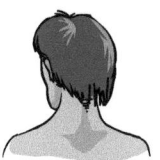

шея

คอ

больница
โรงพยาบาล

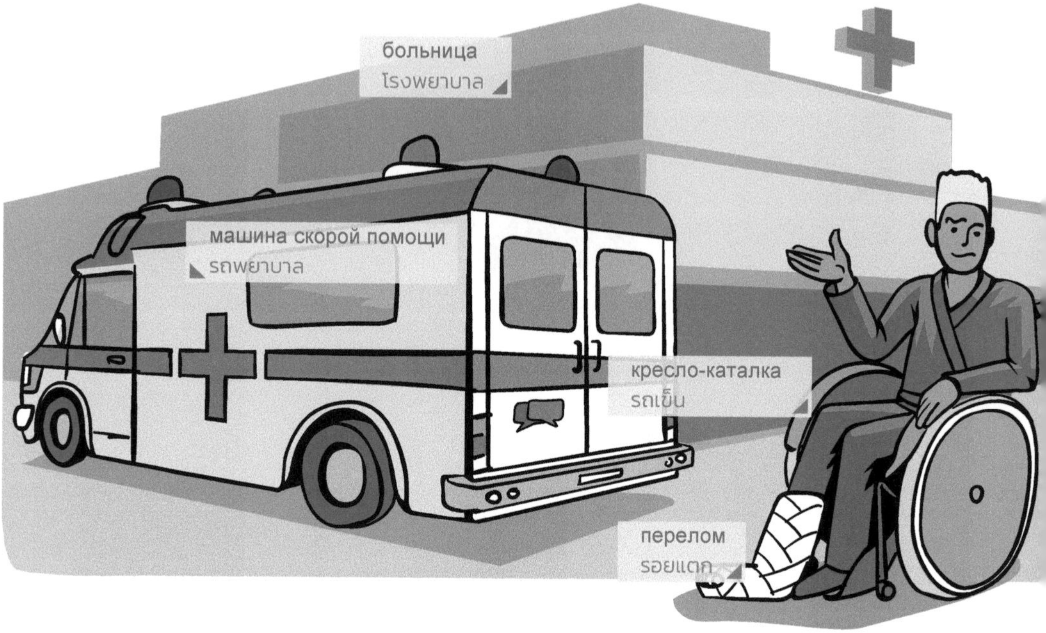

больница
โรงพยาบาล
машина скорой помощи
รถพยาบาล
кресло-каталка
รถเข็น
перелом
รอยแตก

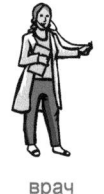

врач

หมอ

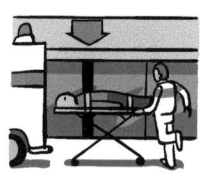

пункт первой помощи

ห้องฉุกเฉิน

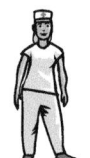

медсестра

พยาบาล

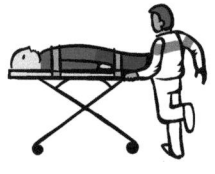

неотложный случай

ฉุกเฉิน

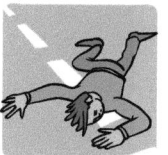

без сознания

หมดสติ

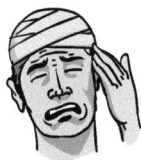

боль

อาการเจ็บปวด

повреждение

การบาดเจ็บ

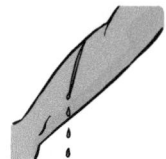

кровотечение

เลือดไหล

инфаркт

หัวใจวาย

инсульт

โรคหลอดเลือดในสมอง

аллергия

โรคภูมิแพ้

кашель

ไอ

овышенная температура

ไข้

грипп

ไข้หวัด

понос

ท้องเสีย

головная боль

การปวดหัว

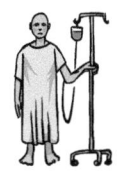

рак

มะเร็ง

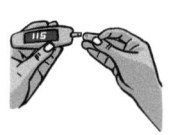

диабет

โรคเบาหวาน

хирург

ศัลยแพทย์

скальпель

มีดผ่าตัด

операция

การผ่าตัด

KT

เครื่องเอกซเรย์คอมพิวเตอร์ควา
มเร็วสูง

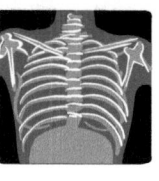

рентген

เอกซเรย์

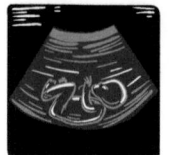

ультразвук

อัลตราซาวด์

маска

หน้ากากอนามัย

болезнь

โรค

приёмная

ห้องรอตรวจ

костыль

ไม้เท้า

пластырь

ปลาสเตอร์ยา

бинт

ผ้าพันแผล

укол

ฉีดยา

стетоскоп

เครื่องฟังตรวจ

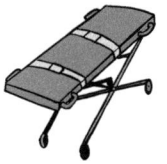

носилки

เปลหาม

термометр

ปรอทวัดไข้

рождение

การเกิด

избыточный вес

น้ำหนักเกิน

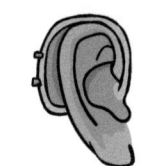

слуховой аппарат

เครื่องช่วยฟัง

дезинфекционное средство

สารฆ่าเชื้อ

инфекция

การติดเชื้อ

вирус

ไวรัส

ВИЧ / СПИД

เอชไอวี/เอดส์

лекарство

ยา

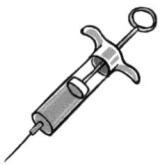

прививка

การฉีดวัคซีน

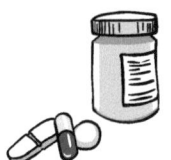

таблетки

ยาเม็ด

противозачаточная таблетка

ยาเม็ดกลม

экстренный вызов

โทรออกฉุกเฉิน

прибор для измерения кровяного давления

เครื่องวัดความดันโลหิต

больной / здоровый

ป่วย/ สุขภาพดี

сигнал тревоги

สัญญาณเตือนภัย

нападение

การทำร้าย

Помогите!

ช่วยด้วย!

атака

การโจมตี

опасность

อันตราย

запасной выход

ทางออกฉุกเฉิน

Пожар!

ไฟไหม้!

огнетушитель

ถังดับเพลิง

несчастный случай

อุบัติเหตุ

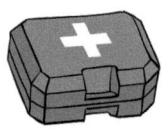

аптечка

ชุดปฐมพยาบาลเบื้องต้น

SOS

สัญญาณขอความช่วยเหลือ

милиция

ตำรวจ

Европа

ยุโรป

Северная Америка

อเมริกาเหนือ

Южная Америка

อเมริกาใต้

Африка

แอฟริกา

Азия

เอเชีย

Австралия

ออสเตรเลีย

Атлантический океан

แอตแลนติก

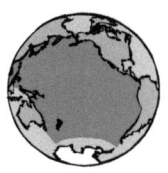

Тихий океан

แปซิฟิก

Индийский океан

มหาสมุทรอินเดีย

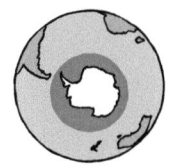

Антарктический океан

มหาสมุทรแอนตาร์กติก

Северный Ледовитый
океан

มหาสมุทรอาร์กติก

Северный полюс

ขั้วโลกเหนือ

Южный полюс

ขั้วโลกใต้

Антарктика

แอนตาร์กติกา

земля

โลก

суша

พื้นดิน

море

ทะเล

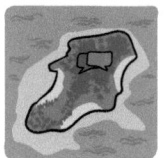

остров

เกาะ

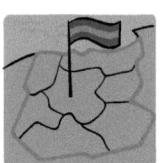

нация

ชาติ/ประชาชาติ

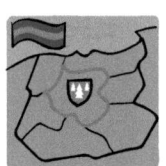

государство

รัฐ

78   **земля - โลก**

циферблат

หน้าปัดนาฬิกา

часовая стрелка

เข็มชั่วโมง

минутная стрелка

เข็มนาที

секундная стрелка

เข็มวินาที

Который час?

กี่โมงแล้ว?

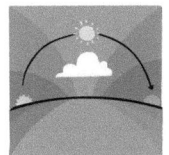

день

วัน

время

เวลา

сейчас

ตอนนี้

электронные часы

นาฬิกาดิจิตอล

минута

นาที

час

ชั่วโมง

понедельник
วันจันทร์

MO

среда
วันพุธ

W

пятница
วันศุกร์

FR

TU

TH

SA

SO

вторник
วันอังคาร

суббота
วันเสาร์

четверг
วันพฤหัสบดี

воскресенье
วันอาทิตย์

вчера
เมื่อวาน

сегодня
วันนี้

завтра
พรุ่งนี้

утро
ตอนเช้า

полдень
ตอนเที่ยง

вечер
ตอนเย็น

рабочие дни
วันทำการ

выходные
วันสุดสัปดาห์

год
ปี

дождь
ฝนตก
радуга
รุ้งกินน้ำ
ветер
ลม
снег
หิมะ
весна
ฤดูใบไม้ผลิ
лето
ฤดูร้อน
осень
ฤดูใบไม้ร่วง
зима
ฤดูหนาว

4.APRIL 11°
5.APRIL 4°
6.APRIL 13°
7.APRIL 8°
8.APRIL 10°

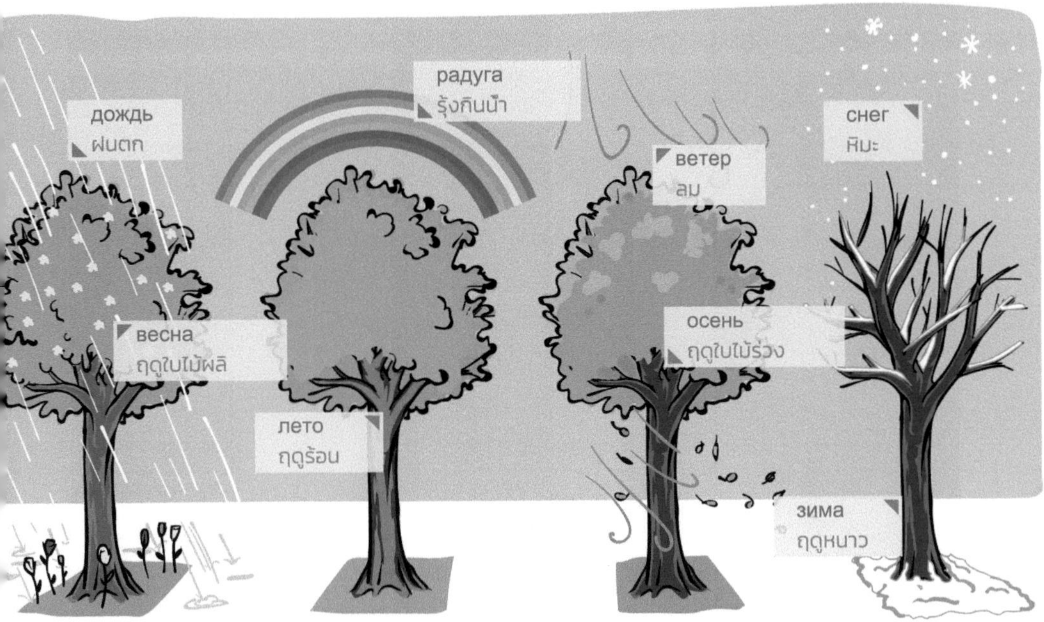

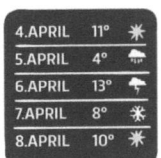

прогноз погоды
การพยากรณ์อากาศ

F
C
120
90
60
30
0
-30
40
30
20
10
0
-10
-20

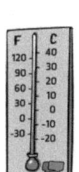

термометр
เครื่องวัดอุณหภูมิ

солнечный свет
แสงแดด

туча
ก้อนเมฆ

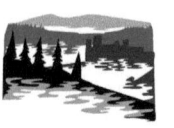

туман
หมอก

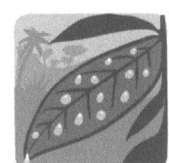

влажность воздуха
ความชื้น

молния

ฟ้าแลบ/ฟ้าผ่า

гром

ฟ้าร้อง

буря

พายุ

град

ลูกเห็บ

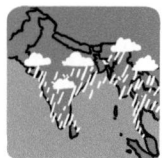

муссон

ลมมรสุม

наводнение

น้ำท่วม

лёд

น้ำแข็ง

январь

มกราคม

февраль

กุมภาพันธ์

март

มีนาคม

апрель

เมษายน

май

พฤษภาคม

июнь

มิถุนายน

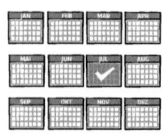

июль

กรกฎาคม

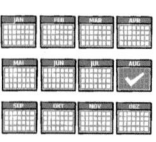

август

สิงหาคม

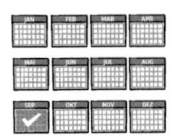

сентябрь

กันยายน

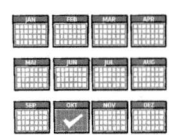

октябрь

ตุลาคม

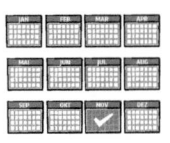

ноябрь

พฤศจิกายน

декабрь

ธันวาคม

формы
รูปร่าง

круг

วงกลม

квадрат

สี่เหลี่ยม

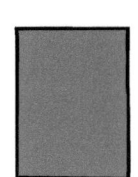

прямоугольник

สี่เหลี่ยมผืนผ้า

треугольник

สามเหลี่ยม

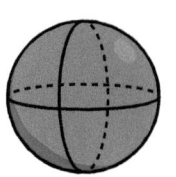

шар

ทรงกลม

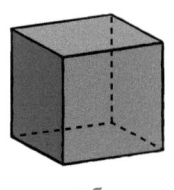

куб

ลูกบาศก์

белый
....
ขาว

желтый
....
เหลือง

оранжевый
....
ส้ม

розовый
....
ชมพู

красный
....
แดง

лиловый
....
ม่วง

синий
....
ฟ้า

зелёный
....
เขียว

коричневый
....
น้ำตาล

серый
....
เทา

черный
....
ดำ

много / мало

มาก/ น้อย

яростный / мирный

ฉุนเฉียว/ สงบ

красивый / уродливый

สวยงาม/ น่าเกลียด

начало / конец

เริ่มต้น/ จบ

большой / маленький

ใหญ่/ เล็ก

светлый / темный

สว่าง/ มืด

брат / сестра

งชาย,พี่ชาย/ น้องสาว,พี่สาว

чистый / грязный

สะอาด/ สกปรก

полный / неполный

สมบูรณ์/ ไม่สมบูรณ์

день / ночь

กลางวัน/ กลางคืน

мёртвый / живой

ตาย/ มีชีวิต

широкий / узкий

กว้าง/ แคบ

съедобный / несъедобный

กินได้/ กินไม่ได้

злой / дружелюбный

ชั่วร้าย/ ใจดี

взволнованный /
скучающий

น่าตื่นเต้น/ น่าเบื่อ

толстый / худой

อ้วน/ ผอม

сначала / в конце

อย่างแรก/ สุดท้าย

друг / враг

เพื่อน/ ศัตรู

полный / пустой

เต็ม/ ว่างเปล่า

твёрдый / мягкий

แข็ง/ นุ่ม

тяжёлый / легкий

หนัก/ เบา

голод / жажда

หิว/ กระหายน้ำ

больной / здоровый

ป่วย/ สุขภาพดี

незаконный / законный

ผิดกฎหมาย/ ถูกกฎหมาย

умный / глупый

ฉลาด/ โง่

слева / справа

ซ้าย/ ขวา

близко / далеко

ใกล้/ ไกล

новый / подержанный

ใหม่/ ใช้แล้ว

ничто / нечто

ไม่มี/ บางสิ่งบางอย่าง

старый / молодой

แก่/ หนุ่ม

включено / выключено

เปิด/ปิด

открыто / закрыто

เปิด/ ปิด

тихо / громко

เงียบ/ ดัง

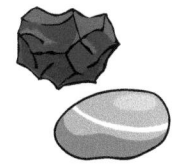

богатый / бедный

รวย/ จน

правильный / неправильный

ถูก/ ผิด

шероховатый / гладкий

ขรุขระ/ เรียบ

печальный / счастливый

เศร้า/ ดีใจ

короткий / длинный

สั้น/ ยาว

медленный / быстрый

ช้า/ เร็ว

мокрый / сухой

เปียก/ แห้ง

тёплый / прохладный

อบอุ่น/ หนาวเย็น

война / мир

สงคราม/ สันติภาพ

0

ноль

ศูนย์

1

один

หนึ่ง

2

два

สอง

3

три

สาม

4

четыре

สี่

5

пять

ห้า

6

шесть

หก

7

семь

เจ็ด

8

восемь

แปด

9

девять

เก้า

10

десять

สิบ

11

одиннадцать

สิบเอ็ด

12

двенадцать
....
สิบสอง

13

тринадцать
....
สิบสาม

14

четырнадцать
....
สิบสี่

15

пятнадцать
....
สิบห้า

16

шестнадцать
....
สิบหก

17

семнадцать
....
สิบเจ็ด

18

восемнадцать
....
สิบแปด

19

девятнадцать
....
สิบเก้า

20

двадцать
....
ยี่สิบ

100

сто
....
หนึ่งร้อย

1.000

тысяча
....
หนึ่งพัน

1.000.000

миллион
....
หนึ่งล้าน

английский

ภาษาอังกฤษ

американский английский

ภาษาอังกฤษแบบอเมริกัน

мандаринский китайский

ภาษาจีนแมนดาริน

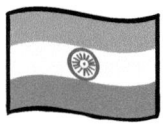

хинди

ภาษาฮินดี

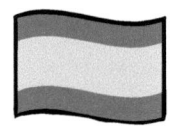

испанский

ภาษาสเปน

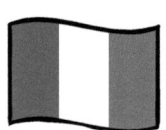

французский

ภาษาฝรั่งเศส

арабский

ภาษาอาหรับ

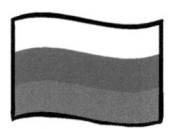

русский

ภาษารัสเซีย

португальский

ภาษาโปรตุเกส

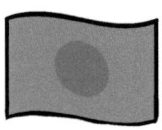

бенгальский

ภาษาเบงกอล

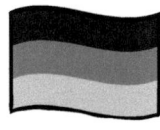

немецкий

ภาษาเยอรมัน

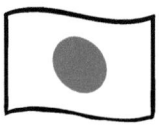

японский

ภาษาญี่ปุ่น

я

ฉัน

ты

เธอ

он / она / оно

เขา / หล่อน / มัน

мы

พวกเรา

вы

พวกคุณ

они

พวกเขา

кто?

ใคร?

что?

อะไร?

как?

อย่างไร?

где?

ที่ไหน?

когда?

เมื่อไหร่?

имя

ชื่อ

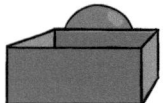

за

ข้างหลัง

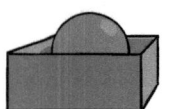

в

ใน

перед

ข้างหน้า

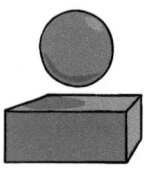

над

เหนือ

на

บน

под

ใต้

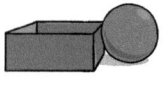

рядом

ด้านข้าง

между

ระหว่าง

место

ตำแหน่ง